阿米巴经营

陈伟　编著

民主与建设出版社
·北京·

© 民主与建设出版社，2019

图书在版编目（CIP）数据

阿米巴经营 / 陈伟编著 . — 北京：民主与建设出
版社，2019.4
ISBN 978-7-5139-2440-5

Ⅰ . ①阿… Ⅱ . ①陈… Ⅲ . ①企业经营管理—研究
Ⅳ . ① F272.3

中国版本图书馆 CIP 数据核字 (2019) 第 057280 号

阿米巴经营
AMIBA JINGYING

出 版 人　李声笑
编　著　陈 伟
责任编辑　王 倩
装帧设计　末末美书
出版发行　民主与建设出版社有限责任公司
电　话　（010）59417747　59419778
社　址　北京市海淀区西三环中路 10 号望海楼 E 座 7 层
邮　编　100142
印　刷　北京中振源印务有限公司
版　次　2019 年 5 月第 1 版
印　次　2019 年 5 月第 1 次印刷
开　本　880mm×1230mm　1/32
印　张　8
字　数　160 千字
书　号　ISBN 978-7-5139-2440-5
定　价　45.00 元

注：如有印、装质量问题，请与出版社联系。

让企业生生不息的经营管理智慧

根据稻盛和夫给出的权威定义,阿米巴经营是通过一个个小集体的独立核算来实现全员参与经营、凝聚全体员工力量和智慧的经营管理系统。阿米巴经营模式的诞生历程颇有戏剧性。

1959年,年轻的陶瓷技术研究员稻盛和夫等7位志同道合的伙伴从松风工业辞职,合伙创办了京瓷公司。7人之间的深厚情谊让稻盛和夫相信经营企业最主要的是得人心。然而公司成立的第三年,他遭遇了一场严重的信任危机。

10名在京瓷工作了一年的员工集体要求稻盛和夫改善工作待遇,否则就辞职。当时的京瓷刚刚走上正轨,财力并不雄厚,稻盛和夫自己的工资也很有限,还要养家糊口。这场充满了火药味的谈判持续了三天三夜,最终稻盛和夫说服这些员工暂时留在公司。这段经历让他大为触动,于是他立志要让员工们真正把自己当成事业的伙伴。

由于京瓷不断推出各种市场上没有的新产品,公司规模迅速壮大。不到五年京瓷的员工就超过了100人，随后又增加到300人。但事业的快速扩张让身兼数职的稻盛和夫不堪重负，公司发展的瓶颈不期而遇。一旦不能妥善解决经营管理问题，好不容易发展起来的京瓷很可能会因管理不善而破产。

忧心忡忡的稻盛和夫突然想到：既然我一个人都能够管理100名员工，那为何不把公司分成若干个小集体呢？现在或许还没有中层人员能够管理100名员工，但是有些中层人员已经有能力管理20~30名员工的小集体，那何不让这些人担任小集体的领导，放权让他们管理呢？

顺着这个思路，稻盛和夫把公司划分成若干个能独立开展业务的最小组织，安排合适的人选做小组织的领导，让其采取独立核算管理。为此，他经过反复研究后推出了单位时间核算制度、内部交易制度等新式管理体制，并在此基础上发展出一套阿米巴经营哲学。

如今，阿米巴经营模式经过数十年发展，早已走出日本，走向全世界。国内外众多企业都借鉴阿米巴经营哲学来推动组织变革，以更好地适应互联网时代的市场环境。本书系统地讲述了阿米巴经营模式的经营哲学、组织划分、配套措施、内部交易制度、会计核算制度、阿米巴长选拔制度、团队目标管理、多元化激励制度、经营误区等相关知识，旨在让更多有志于从事企业经营管理工作的朋友了解阿米巴经营的各方面知识。

当然，由于水平有限、时间仓促等原因，书中难免会有疏漏之处，欢迎广大读者朋友批评指正。

目录

CONTENTS ▸▸

第一章

每个员工都是主角？阿米巴经营哲学宗旨正是如此

●

　　中小公司一旦成长为大公司，就会遇到发展瓶颈。粗放的运营模式，混乱的财务管理，让规模日益增大的组织变得松松垮垮、极不稳定。因扩张过快而垮掉的公司不可胜数。阿米巴经营模式的诞生，正是为了解决这个管理难题。可是，如果不能接受"人人参与经营"的阿米巴经营哲学，公司是无法把阿米巴经营落到实处的。即使管理者完全照搬京瓷集团、日本航空公司等阿米巴先行者的体制，也不能真正令其发挥作用。在这一章，我们先来了解一下阿米巴经营的基础知识，改变传统的经营观念。

克服大企业病，人人参与经营

内
容
摘
要

1. 明确什么是大企业病。

2. 弄清阿米巴经营为什么能解决大企业病。

3. 了解"人人参与经营"的阿米巴经营哲学。

把公司做大做强是每一位管理者的理想。但公司发展就像蛇蜕皮一样，不突破原有的瓶颈就无法成长。阿米巴运营创始人稻盛和夫说："社会上流传一句话，'中小企业就像脓包，一大就破'。就是说，中小企业做的是'盖浇饭'式的笼统账。组织在这个过程中规模膨胀，管理跟不上，就会垮台。"中小企业一大就破的现象屡见不鲜。即使有幸成长为一家人才济济、产品优良、资金雄厚、品牌知名度高的大公司，也难逃盛极而衰的周期规律，患上大企业病。

1. 困扰无数公司的大企业病

当公司发展到一定规模后，管理水平会变得大不如前，信息传递不畅通、组织机构臃肿、权责混杂不清、业务流程复杂、决策效率低下、人浮于事、故步自封、团队凝聚力差、内部矛盾重重等问题层出不穷。这些弊病无疑会降低公司的生产效率与销售利润，像慢性病一样折磨人。故而管理学家将其称为"大企业病"。

公司一旦患上大企业病，对市场的应变能力就会越来越差，对市场潮流也会视而不见，优秀的人才难以施展抱负，要么混吃等死，要么跳槽他处。公司既留不住人才，又无法引入新鲜血液，只剩下放任自流和求变图存两个选择。前一条当然是死路，后一条也不一定是活路。但自从阿米巴经营出现后，公司克服大企业病的希望大大增加。因为这是一种对症下药的经营管理模式。

2. 实现全员参与经营的三个要点

大企业病最主要的痼疾是机构臃肿和人浮于事。机构臃肿既增加了管理成本，又降低了工作效率，且积重难返。人浮于事让原本有能力和抱负的员工也渐渐熄灭了热情，不愿再付出汗水和智慧。阿米巴经营模式对此的解决之道是全员参与经营。

全员参与经营，把每个人的积极性调动起来，确实能解决机构臃肿和人浮于事两大痼疾。但是，想要真正实现全员参与经营的构想，还得注意以下三个问题。

（1）通过授权让员工参与经营

阿米巴经营革新了企业的组织结构，通过单位时间核算把企业分解成一个个阿米巴单位。每个阿米巴的领导人就像经营一家小公司、小商店一样自负盈亏。阿米巴的全体成员都像经营者一样思考问题，按照"销售额最大化，费用最小化"的原则努力工作，完成目标计划。

由此可知，阿米巴经营不仅把臃肿的机构进行了最大限度的简化，还把经营权下放到了基层组织。员工中不乏有想法的，但基本上没有足够的权限和资源来实现自己的构想。在阿米巴组织中，他们将得到充分的授权，担负起经营者的全部责任，有条件去按自己的想法经营公司。

（2）用企业家精神培养员工

实施阿米巴经营模式的公司会有意识地用企业家精神来培养员工。企业家精神一方面重视公司经营的高收益率，另一方面也力求让员工具备高成长性。员工的高成长性主要取决于其学习能力。公司的职责是为他们提供良好的成长环境和发展机遇，为全体员工提供施展抱负的舞台。

传统的公司管理模式很难让两个指标同时增长。公司要追求高收益率，就会要求员工精确地执行上级安排的工作，牺牲他们的自主思考。这无疑会对员工的成长造成一定的制约。阿米巴经营通过授权让员工自主安排工作，既锻炼了他们的经营能力，又可以实现高成长性和高收益性的全面提升。

（3）集中现场员工的智慧

稻盛和夫认为："阿米巴经营是一个让每位员工与经营者想法一致，朝着共同目标前进的经营体系。单纯地由管理层来经营企业是远远不够的。为了企业的持续发展，必须让全体员工参与经营，形成强大的合力。这是阿米巴经营的真谛。"

处于工作现场的一线员工，是公司业务的主要承担者。他们处于最基层，没有什么权力。但现场员工对经营过程中的各种问题有着管理者所没有的敏感。若能把他们的智慧集中起来，管理者就可以及时发现公司存在的隐患，打开改进工作的新思路。而现场员工也可以借此锻炼自己的经营意识，逐渐成长为具有经营能力的阿米巴管理人才。

阿米巴专家有话说•

全体员工积极参与经营，在各自的岗位上发挥各自的作用，那么，员工已经不再是单纯的劳动者，而是具备了经营者意识，与经营者共同工作的伙伴。这样的话，因为履行了自己的责任，他们就会品尝到工作的喜悦和成就感。彼此都怀着为公司做贡献的目标而工作，就能实际感受到人生的价值。

——阿米巴运营创始人、日本经营之圣　**稻盛和夫**

阿米巴经营的三个目的

内容摘要

1. 实现全体员工共同参与企业经营。

2. 培养具有经营意识的人才。

3. 确立与市场挂钩的分部门核算制度。

把阿米巴经营等同于京瓷集团的管理制度和经营技巧，是一种片面的认识。模仿京瓷集团的组织形态，只是在照猫画虎。若能了解阿米巴经营的本质，就可以根据具体情况来灵活地创建符合自己公司需求的阿米巴组织。为此，企业领导人必须知道阿米巴经营的三个目标。通过弄清这三个目标，我们就可以准确地掌握阿米巴经营的本质。

1. 实现全员参与的经营

通常而言，大部分员工都没有经营意识，既不关心销售额，也不关心自己所在部门的费用支出详情。销售部门的员工则因为销售额跟收入直接挂钩，具备较多的经营意识，但他们对其他部门的运营情况同样漠不关心。由于缺乏经营意识，员工不会产生减少浪费、节约费用的想法。只要自己部门能拿到更多的预算经费就行，其他的事情都只是按部就班地处理，懒得主动思考。

阿米巴经营追求全员参与公司经营，人人都要具备经营意识，贯彻"销售最大化，费用最小化"的原则。无论公司规模多大，都要划分成名为"阿米巴"的独立核算的小组织。每个阿米巴团队的员工都要像经营者一样思考和行动，在每个月制订详细的销售额与费用使用计划，并努力达成这个计划。各个阿米巴都要定期公布经营实绩。如果销售额没达标，所有成员就重点提升销售额。如果支出的费用超标，就集思广益设法降低费用。

这样一来，每个员工都成了经营活动的实际组织者。无论哪个部门、哪个层级的员工，都能为公司增加销售额或削减费用的目标做出明确的贡献。

2. 培养具有经营意识的人才

当组织被细分成若干阿米巴时，公司会给每个阿米巴安排一个负责人——阿米巴长。他们负责处理一切跟阿米巴经营相关的工作。制订经营计划、采购材料、团队管理、绩效管理等都是阿米巴负责人的本职工作。要做好这些工作，就不能不具备经营意识和基本的会计知识。

让所有的阿米巴负责人都像财务人员那样精通经营会计技能是不切实际的。但阿米巴经营采用了一种叫作"单位时间核算"的制度，员工只要按照"单位时间核算表"的每一项填入统计数字，就能看到收入（销售额）和费用的情况，进而计算出每个小时产生的附加价值。

这是评估各个阿米巴的实际业绩的公平尺。阿米巴负责人的所有工作都是围绕提高本部门的单位时间核算数字展开的。通过这种经营管理方式，各个阿米巴组织能够锻炼出无数具有经营意识的人才。

3. 确立与市场直接挂钩的分部门核算制度

各个独立核算的阿米巴必须具备对市场变化的快速反应能力，在不断调整业务的过程中实现"销售最大化，费用最小化"，努力提高单位时间核算数字。如果不具备快速反应能力的话，阿米巴组织就跟机构臃肿的大企业一样动作迟钝，会错过很多商机。再加上组织已经由大变小，抗风险能力也随之下降。

因此，阿米巴经营采取了与市场直接挂钩的分部门核算制度，以求提高各个小型组织团队的灵活性。这个机制是促成公司成长发展的关键。它形态灵活，在必要时能快速对组织进行分割、整合，或者设立新的阿米巴部门。分部门核算制度把每个阿米巴变成了一个独立核算的利润中心，在提高企业组织灵活性的同时，也把公司的业务拓展到了更深入、更精细的程度。

　　总之，我们应该把阿米巴经营的三个目标铭刻于心，在建设阿米巴组织和培养阿米巴运营人才的时候贯彻这些目标。唯有如此，全体员工才能充分理解和实践阿米巴经营哲学，不至于误入歧途。

阿米巴专家有话说·

　　每个阿米巴都有一个领导者，他一边集结所有成员的智慧，一边像经营者一样成为阿米巴的掌舵手，运用"销售最大化，费用最小化"这句箴言来率领成员共同完成阿米巴的经营目标。这就是阿米巴经营所要实现的全员参与经营的理想状态。

——京瓷沟通系统有限公司管理咨询（KCMC）会长　　**森田直行**

实力主义VS绩效主义

内容摘要

1. 阿米巴经营倡导的实力主义价值观。

2. 绩效主义管理思想存在哪些不足之处？

3. 阿米巴经营如何在人事制度上贯彻实力主义价值观？

阿米巴经营是尊重每一个人劳动的"尊重人性的经营"。但每个员工的能力有高低之分，对公司的贡献有大小之别。组织的运行离不开优秀的管理干部。用人方针若是不合理，再完美的制度也会变得千疮百孔。一般情况下，公司高层要么任人唯亲，要么论资排辈，要么根据绩效考核结果来提拔干部。显然，绩效主义用人方针比前两种更公平合理。但在阿米巴经营的源头——日本京瓷集团，绩效主义却是一个反思的对象，实力主义被认为是最有效的用人之道。

1. 稻盛和夫的实力主义方针

无论那个人的年龄和经历如何，只要有真才实学，就要大胆将他们提拔到负责人的岗位上，让他们领导组织走向繁荣。这就是稻盛和夫在京瓷集团推行的实力主义方针。在他看来，德才兼备且充满干劲的人是推动阿米巴经营的重要力量。即使他们年纪轻轻，缺乏做管理人员的经验，也可以被任命为阿米巴领导人。这样才能人尽其用，给英才施展抱负的空间，为其他员工树立一个榜样。

京瓷的实力主义在当时讲究资历的日本商界是个异端。稻盛和夫在经营的过程中发现，随着公司业务范围的扩大，有很多新领域亟待开拓。公司原有的管理团队结构已经显现出短板，必须从外部引进具备各种经验、技术和知识的人才，同时还要从现场员工中培养未来的阿米巴领导人。

有一次，稻盛和夫打算引进一个人才，又担心创业伙伴们会反对，于是跟大家进行了坦诚的沟通。他宣布自己打算把这个公司急需的人才置于跟创业元老们同等的地位。所幸，稻盛和夫的伙伴们也是信奉实力主义的有远见卓识的人，痛快地允诺："我们不介意让他来当我们的上司。"事实证明，这个用人决策对公司的确有利。

长期以来，京瓷不拘一格地吸收了各种各样的人才，给予他们足够的自主经营权和优厚的待遇。实力主义方针已经铭刻在京瓷员工的内心。每个阿米巴员工都在实力主义的鼓舞下艰苦奋斗，争做德才兼备的栋梁。

2. 绩效主义的弊端

也许有人会认为，绩效主义跟实力主义没什么区别。因为绩效考核可以清楚地衡量出员工业绩的大小，这本身就反映了每个人的真实能力。表面上看确实如此，但绩效主义和实力主义存在一个关键的差异——人情味。

绩效主义是一种缺乏人情味的用人方针。工作成果多的人能加薪升职，但只要工作成果有所下降，公司就会降低报酬，甚至解聘该员工。稻盛和夫尖锐地指出："欧美国家大多实行绩效考核，按照绩效分配工资和奖金，这种做法确实有一定的刺激性，业绩越好收入越高。但有的人工作很努力，业绩却不好，工资低，导致不满。'过去业绩好，所以报酬高，现在业绩不好，报酬减少也没关系'，能这么理性思考的人几乎不存在。"

绩效考核固然比较客观，短期内是有效的，但它很难让员工真正跟公司一条心。因为人的业绩不光取决于个人的努力，还得看历史进程、市场大环境。当公司处于瓶颈或低谷时，每个人的业绩都不会好到哪里去。此时需要大家同舟共济，共渡难关。没有足够的激励，员工的士气必然低落，团队凝聚力也会不断下降。可若是按照绩效主义的方针，没有业绩就不能给出相应的激励。毫无疑问，顺境中同心同德的员工在这种情况下很容易萌生去意。

阿米巴经营诞生于京瓷集团最艰难的时刻。稻盛和夫当时根本拿不出什么东西来满足员工的加薪要求。假如只采取单纯的绩效主义，队伍早就散了。阿米巴经营哲学提倡人人参与经营，每个员工都是共同创业的伙伴。实力主义既有重视客观劳动成果的一面，又有尊重劳动者、将心比心的一面。这使得京瓷的员工在最困难的时候依然选择相信同伴，共同迎接挑战。到了公司一帆风顺之时，团队的凝聚力就更加牢不可破了。

阿米巴专家有话说

采用实力主义，有时也会碰到问题。把一个有才干、有威信的年轻人提拔为董事，有时会招致周围前辈们的妒忌和抵制："那家伙比我还晚三年进公司，怎么先提他为董事？简直是乱弹琴！"希望我们京瓷的干部有这样的度量，不是按年功序列，自以为是地认为"这回该轮到我了！"而是要让有真才实学的人来引领公司的发展。

——阿米巴运营创始人、日本经营之圣　**稻盛和夫**

经营哲学：六项精进与经营十二条

内容摘要

1. 稻盛和夫的六项精进。

2. 稻盛经营的十二条法则。

稻盛和夫的六项精进

1. 付出不亚于任何人的努力

痴迷于工作，热衷于工作，并付出超乎常人的努力，这会给我们带来丰硕的成果。

2. 要谦虚，不要骄傲

成功的人，是那些内心具备燃烧般的激情和斗志，并能做到谦虚内敛的人。即使成功了，也不能忘掉谦虚。

3. 要每天反省

"是否傲慢？""有没有让别人感到不愉快？""是否有卑怯的行为？""是否有利己的言行？"回顾自己一天的言行，确认是否符合正确的做人原则。每天的反省可以抑制自己的邪恶之心，让良心更多地占据我们的心灵。

4. 活着，就要感谢

人无法独自生存。我们能够生存下去，是因为有了身边所有环境因素的支撑。坦诚地对目前拥有的东西表示感谢，并将这种感谢之心用"谢谢"之类的话语或者笑容向周围的人们传递。这样做可以使自己和周围的人更加平和，更加幸福。

5. 积善行、思利他

善，就是指待人亲切、正直、诚实、谦虚等，这也是做人应有的最基本的价值观。每天都思善行善，你的命运就会朝着好的方向转变。

6. 不要有感性的烦恼

每个人都会失败。我们都是在不断失败的过程中成长起来的，只要深刻地反省了，之后就不能再为此烦恼，必须义无反顾地走向新的起点，开始新的生活，这是十分重要的。

稻盛经营十二条

第一条　明确事业的目的与意义

确立正大光明、符合大义名分的崇高目的。

第二条　设定具体目标

所设目标始终与员工共有。

第三条　胸中怀有强烈愿望

要怀有能够渗透到潜意识之中的强烈而持久的愿望。

第四条　付出不亚于任何人的努力

一步一步、扎扎实实、坚持不懈地做好具体的工作。

第五条　追求销售最大化和经费最小化

利润无须强求，量入为出，利润必定随之而来。

第六条　定价即经营

定价是领导的职责。价格应定在顾客乐于接受，公司也能盈利的交汇点上。

第七条　经营取决于坚强的意志

经营需要洞穿岩石般的坚强意志。

第八条　燃烧的斗志

经营需要强烈的斗志，其程度不亚于任何格斗竞技。

第九条　拿出勇气做事

不能有卑怯的举止。

第十条　不断从事创造性的工作

明天胜过今天，后天胜过明天，刻苦钻研，不断改进，精益求精。

第十一条　以关怀坦诚之心待人

买卖是相互的，生意各方都要得利，皆大欢喜。

第十二条　始终保持乐观向上的心态

抱着梦想和希望，以坦诚之心处世。

阿米巴专家有话说·

　　我认为，摆在制度和规则前面的问题，就是企业领导人必须具备应有的伦理道德，具备哲学。这种哲学用一句话来讲就是："作为人，何谓正确？"因为如果缺乏正确的哲学，缺乏伦理道德这种内在的约束，那么不管外部的制度规则多么严密，这类制度规则仍然不能正常地发挥它们的功能。

　　　　　　　——阿米巴运营创始人、日本经营之圣　**稻盛和夫**

延伸阅读：日本航空公司再生重建计划

日本航空公司曾因债台高筑而破产。稻盛和夫在2010年2月担任日航的董事长，与同样出身京瓷集团的阿米巴经营专家森田直行、大田嘉任等人一起对日航进行了大幅度的改革。经过反复调研，他们发现日航的管理者和员工虽然工作努力，但毫无成本核算意识。日航在多个环节上存在严重的浪费。其实，在他们来日航之前，日本的企业再生支援机构已经制订了日航再生重建计划。该计划的主要内容如下：

（1）减少飞机机种的数量

让包括747-400、A300-600、MD-81、MD-90等型号在内的103架飞机退役。把日航拥有的飞机机种的数量从7种减少到4种。

（2）合理引进机型

更多地引进效率比较高的小机型737-800飞机，并在国际航线上引进战略机型787。

（3）优化航线网

日本国内航线保持一定的规模。国际航线以欧美和亚洲航线为中心。在休闲航线中强化檀香山航线和关岛航线。

（4）把经营资源集中到航空运输事业

把日航的经营资源集中到航空运输事业，卖掉经营周边事业领域的子公司。在货物运输事业领域，停飞货物专用机，综合利用客运机的货仓。

（5）打造较为灵活的组织和经营管理体制

裁撤日航内部的重复组织和重复机能，设置对航线收支的新部门（即航线统括本部），实现航线、部门的损益责任明确化。

（6）机场成本结构改革（大幅度缩减机场体制）

缩小办公场所的使用面积，减少经费的浪费。积极与其他航空公司合作，共同负担业务经费，削减仓库数量，降低租赁成本费用。

（7）设施改革

降低公司房地产租赁租金，重新核算使用面积。

（8）精减人员

通过提前退休、出售子公司等措施来精简日航集团员工总人数。日航集团在平成21年（即2009年）年末共有员工48714人，到2010年年末已减少至32600人。

（9）调整人事工资福利制度

以法定或市场一般工资水准为基础，把日航集团的工资水平和福利水平调整至行业必要水平，并对制度实行根本的改革。

（10）削减燃油税、机场税等费用

迄今为止，由于日航支付的国内外飞机燃油税、机场着陆费等费用已经超过了平均水平的10%，因此对相关企业和机构提出降低标准的要求。

（11）压缩各种成本

把各个部门的采购部门统一到日航总公司里，设置"采购本部"，实现采购一元化，改变项目经费票据管理混乱等现象。凡是超过30万日元的采购活动，必须由采购本部来审核及执行。

不难发现，日航再生重建计划的工作重心是削减经费。稻盛和夫等人认为这个计划对挽救日航是有用的，于是把落实这个计划作为第一年的主要目标。日航集团在设置采购本部的第一年居然减少了800亿日元的经费开支。再生重建计划实施的第二年，阿米巴经营正式导入日航，"年度计划"也被改为"Master Plan"，稻盛和夫等人对整个集团的组织结构进行了大刀阔斧的改革。日航很快摆脱了亏损的局面，重新开始盈利。

第二章

组织划分越小越好？打造阿米巴体系没那么简单粗暴

●

阿米巴经营的原理是把大型企业组织划分为能独立经营的小集团——阿米巴。然而，有些企业在细分阿米巴之后并没有提高运营效率，反而陷入了管理混乱。造成这种局面的根本原因，就是胡乱划分阿米巴组织，没有正确理解阿米巴运营的精神。按照什么样的标准来细分组织？怎样确保各个阿米巴具备独立生存的能力？这些都是企业管理者必须认真考虑的问题。我们应该明白一件事，阿米巴组织并非划得越细越好。更重要的是，通过重新划分组织来优化公司的整体组织结构，赋予每个阿米巴组织足够的活力。本章讲述的正是构建阿米巴组织的一般步骤。

推行阿米巴运营的路线规划图

内容摘要

1. 推行阿米巴运营的十个基本步骤。

2. 必须耐心地对各部门管理者进行稻盛和夫经营哲学培训。

3. 保持阿米巴运营的良性循环。

在企业内部推广阿米巴不可能一蹴而就。世界上有无数公司想借鉴阿米巴经营模式，但有的成功提高了运营管理效率，有的却变得不伦不类。每个企业的具体情况不同，只是简单照搬京瓷、日航等公司的阿米巴组织形态，无异于邯郸学步。实践表明，落实阿米巴运营需要讲究方式方法，要按照以下十个基本步骤层层推进，绝不可胡乱作为。

步骤1：企业内部调研及诊断

我们必须牢记一点，阿米巴经营是量体裁衣，而不是削足适履。先把公司的基本情况统统盘点一遍，特别是诊断当前运营过程中存在的问题。分清自己的优势和劣势，找出应该保留的部门和资源，以及那些不改革就没有出路的部门。

公司领导人在调研开始前应该召集中高层管理人员开会，对本次企业内部调研的目标和意义进行说明。这是推行阿米巴经营的必要沟通。因为阿米巴经营的核心理念是人人参与经营。如果员工对领导人的想法和公司的规划毫不知情，就无法以主人翁的心态来经营公司。开会沟通之后，公司有必要选派精干人员组成企业内部调研及诊断小组，全权负责落实这个步骤的工作。

步骤2：引入阿米巴经营哲学

阿米巴经营的创始人稻盛和夫先生无论在哪里推行阿米巴，都是先从经营哲学讲起。他受邀整顿日本航空公司时，第一步是调查诊断公司存在的问题，第二步是给集团的董事和中高层管理者做关于经营哲学的讲座。

起初日航的管理者们大多对此不以为然，甚至有人公开表达不满。稻盛和夫不为所动，依然严格执行，力求把管理者脑中的官僚主义习气和门户之见剔除干净。事实证明，只有真心接受阿米巴经营哲学的人，才能把阿米巴管理好。

公司可以先成立一个阿米巴经营推行小组，最高领导人任组长，各部门主管以及外聘的阿米巴咨询顾问任小组成员。各级领导要配合顾问老师在公司各部门组织培训课程。培训方式不局限于常规的课堂讲座，也可以随时随地在办公现场进行探讨。务必要让公司上下每一个人都了解什么是阿米巴经营哲学，转变原先的思想，树立全员参与经营的意识。

步骤3：找准公司的发展战略定位

现代市场变幻莫测，新技术层出不穷，各国的政策也多有大幅度调整。公司原有的发展方针是否还符合未来的市场形势，是每一位有责任心的经营者都必须认真考虑的问题。在这个背景下，企业战略定位的重要性日益增加。阿米巴经营的诞生原本就是为了更好地适应复杂的市场环境，提高公司的生存能力。为此，公司不得不先找准自己的发展战略方向。

需要注意的是，我们不能只看公司眼下的利益，而应该着眼于公司未来的发展，把握市场潮流中的新趋势。制订明确的企业发展战略规划，才能让全体员工认清自己的使命和努力方向。如果公司高层都不知道今后该怎么做，细分后的各个阿米巴组织必定会陷入同样的迷茫。

步骤4：调整组织结构

全体员工对阿米巴经营哲学已经有了比较完整的认识，也明确了公司未来的发展战略规划。此时的首要工作就是重新调整公司的组织结构。公司当前的组织结构，可能按照区域市场划分，也可能按照基本职能划分，还可能按照经营内容划分。总之，没法直接跟阿米巴经营对接。

不改革组织结构就强行推广阿米巴经营，只会导致水土不服。而且现有的组织结构已经天然形成了不同的利益群体。有的群体在现有体制中占据的资源多，拥有的权限大，未必支持改革。这就需要阿米巴经营推行小组通过调整组织结构来打破旧的利益格局，让更多人在改革过程中受益。从这个意义上说，调整组织结构的落脚点在于排除推广阿米巴经营的阻力。

步骤5：划分阿米巴

在阿米巴经营中，每个阿米巴都是独立的利润中心，要单独进行核算。每个阿米巴的规模要精干，保持足够的灵活性和独立的运营管理能力。划分阿米巴组织需要满足三个条件，不能胡乱划分。需要注意的是，划分阿米巴不能只在单个部门推行，而应该在所有的部门推行阿米巴经营。

划分阿米巴的一个关键任务是培养阿米巴长，即每个阿米巴的领导人。划分好的阿米巴并不会自动产生效益，还得靠阿米巴长来领导组员一起经营。每个组员都是经营者，不再只是被动执行命令，必须主动参与阿米巴的经营管理。

步骤6：完成内部定价

稻盛和夫曾经说："定价才是阿米巴经营的根本。"他认为，阿米巴领导人在为产品或服务定价时，要设法制定出令客户能爽快接受的最高价格。当公司划分成多个阿米巴后，内部定价就成为一个至关重要的问题。

假设公司根据业务类型划分出十个大阿米巴组织，大阿米巴组织内部又细分为若干小阿米巴组织，每个需要独立核算的阿米巴组织都会估算出一个对自己有利的价位。价格定得越高，阿米巴组织销售额越高，单位时间附加价值也越高，但与之合作的其他阿米巴组织的利益势必会受到影响。因此，我们在进行内部定价时，必须注意保持各阿米巴组织之间的利益平衡，否则有些阿米巴组织就会难以维持运营。

步骤7：构建内部交易制度

阿米巴经营把市场交易机制引入到企业内部，每一道工序都构成一个阿米巴，各阿米巴之间也形成了供应商和客户的关系。这个制度是为了确保每个阿米巴都能做大做强。在传统的企业经营体系中，有直接产生利润的部门，有不直接产生利润的部门，后者对公司的贡献被大大低估，难以分享公司发展带来的收益。这显然是一种不公平的利益分配机制，会造成公司各部门之间的利益冲突，破坏组织凝聚力。

稻盛和夫当年意识到这个问题后，设计出内部交易制度来消除部门之间的利害对立，让那些不直接产生利润的部门也能分享公司发展的红利。

步骤8：完成单位时间核算任务

各个阿米巴完成了内部交易后，要对自己的单位时间附加价值进行核算。而负责对所有阿米巴提供支援的经营管理部门必须在下个月之前整理好各阿米巴上交的《单位时间核算表》。

完成单位时间核算任务是阿米巴经营的核心环节。这是一种以现金为基础的经营核算方法，能有效揭示公司当前的运营状态，为各级阿米巴领导人提供决策依据。常规的财务会计可能在报表上显示公司是盈利的，但公司可能缺乏大量现金，所得利润都变成了库存和应收账款。

对于阿米巴经营来说，这样的财会数据容易误导管理者做出错误的判断，所以要采取单位时间核算的办法实实在在地算出每个单位时间里赚了多少钱、支出了多少费用，贯彻"营业额最大化，费用最小化"原则。

步骤9：反馈结果和激励

经过前8个步骤，各个阿米巴都已经完成了目标任务。公司要召开月度结果反馈及评估，考察阿米巴团队及其领导人的表现状况，共同找出公司运营过程中存在的问题，对表现优异者及时奖励，对表现不佳者进行鞭策。此外，还要制订下个月的工作计划，确保阿米巴经营的良好运转。

阿米巴的激励方针是精神激励和物质激励并重，科学衡量员工创造的价值，让员工心怀成就感和主人翁意识。阿米巴经营倡导"人人都是主角"的精神，管理者在采取激励措施时，应该以此为指导思想。

步骤10：PDCA循环

PDCA循环指的是计划（Plan）、执行（Do）、检查（Check）和调整（Action）。这是一套科学的管理程序。按照PDCA的流程来管理运营公司，可以有效地降低决策的盲目性，减少工作中的失误。通过不断地检查和调整来确保战略目标和发展规划被认真落实。这个步骤标志着阿米巴经营进入了新一轮循环，回归最初的步骤1。

在这个阶段中，我们要仔细检查阿米巴经营的推广情况，评估效果，反思流程，认真记录各个阿米巴遇到的困难，然后以集体智慧逐个解决存在的问题。唯有如此，阿米巴经营才能克服各种阻碍，在公司中真正扎根。

阿米巴专家有话说·

在实施阿米巴经营时，"建立什么样的组织"是成败的关键。在你的公司里，引进了阿米巴经营中的核算管理模式，组织主要分国内和海外两块，各个店铺独立核算，店长对店内的核算负全部责任，店长就是事业部长。总部只需要决定大原则，维护好这些原则，其他就交给店长去做。然后，每个月都要依据计划追究实绩。重视追究这个环节，才是有效的阿米巴经营。

——阿米巴运营创始人、日本经营之圣　**稻盛和夫**

明确企业的四项职能和责任

内容摘要

1. 企业运营离不开销售、制造（服务）、研发（策划）、管理四项必备职能。

2. 检查各部门是否存在职责划分不明确的情况。

3. 检查企业在经营活动中是否缺失了某项必备职能。

构建组织是企业经营的基础。企业组织形态有千万种，但是基本的职能和责任是殊途同归的。阿米巴经营要求管理者对原有的组织体制进行大幅度的改造，但无论怎么改革，都不能破坏企业的四项职能和责任。否则的话，被分解后的企业组织就完全丧失了运营能力。我们在设计阿米巴组织划分方案时，不可不明确这一点。

1. 企业的四项职能和责任

企业运营离不开销售、制造（服务）、研发（策划）、管理四项必备职能。在划分组织之前，我们先来具体看看这些职能对应的部门。

四项必备职能对应的部门表

部门	功能	职责
销售部门	获取订单，交付产品，回款	确保订单和销售额的达成、扩大和回收。确保利润和单位时间附加价值有所提高
制造部门	创造并提供产品价值。在实现高质量生产、严格遵守交付期限的同时，制造有市场竞争力的产品	负责产出和提高附加价值。提供能被市场接受和信任的产品，确保利润和单位时间价值有所提高
研发部门	开发新技术、新产品，向制造部门提供新产品价值，并提供支援	利用有限的时间和经费，开发出有市场竞争力的新产品和新技术
管理部门	支持结算部门的经营。传播公司的经营哲学和经营方针，制定和维护公司的管理制度	负责彻底执行公司的管理制度，把握公司整体的运营情况，为公司的稳步发展出谋划策，确保各阿米巴的利润和单位时间附加价值有所提高

由上表可知，销售、制造、研发三类职能部门更容易细分为小阿米巴单位。承担管理职能的部门则不适合细分，反而应该集中更

多总揽大局的权限。若是不分青红皂白地把所有的职能部门都细分掉，结果很可能是各个阿米巴因为公司缺失了某种必备职能而无力存活。为此，我们应当牢记一条经验：先确定职能，然后再根据职能来构建组织。万万不可出现销售部门承担制造部门职能，或者缺失职能之类的错误。

2. 区分核算部门与非核算部门

在上述四个企业必备职能的基础上，我们要仔细判断各个部门究竟属于"核算部门"还是"非核算部门"。这是阿米巴经营特有的概念。核算部门指的是在公司经营中能赚取收入，对利润负责的部门。非核算部门是指支援核算部门顺利开展业务的部门。区分两类部门对构建科学合理的阿米巴组织结构至关重要。

（1）制造部门和销售部门是核算部门

按照制造业的标准成本计算习惯，制造部门不对利润负责，通常被定义为管理成本费用的中心。至于销售部门，虽然无法控制成本费用，但对销售额和毛利负责。但在阿米巴经营中，制造部门被视为利润中心。具体思路是把制造部门作为管理收入和费用的独立核算部门，而销售部门同样被视为管理收入和相应费用的独立核算部门。这两个部门有着最多的员工，将其作为独立核算部门（阿米巴）有利于提高员工的核算意识。

（2）管理部门属于非核算部门

管理部门的职责主要是支援其他部门和员工来完成公司的工作，促进员工的发展，同时还要维护公司规章制度的政策运行。可以说，管理部门在阿米巴经营中扮演的角色变化最小。管理部门若是归入核算部门，就只能通过管理服务有偿化的形式来核算利润。问题是，其他部门肯定不愿为此增加开支。因此，管理部门应当属于非核算部门。

需要注意的是，即使是非核算部门，也要追求费用最小化。这意味着管理部门也要细分费用科目，每个月确认有无多余的费用支出，以较低的成本为其他核算部门提供高质量的服务。

（3）研发部门在特定情况下可以视为核算部门

研发部门负责产品设计开发和基础技术研究，一般是不算作核算部门的。但是，如果公司让研发部门有权从自己开发的产品的销售额或生产量中获取一定比例的收入，就可以把研发部门定位为核算部门。这要求研发部门具有很强的市场意识。

此外，研发部门的一个重要特征是工作成果难以跟短期效益直接挂钩。研发部门需要长期投入，不像销售部门那样能迅速产生效益。这点也是管理者在设计阿米巴组织框架时需要注意的。当然，即便把研发部门定位为非核算部门，研发人员也要具备核算意识，争取用更少的经费办更多的事。

京瓷顾问伊藤谦介曾在担任社长时向公司提议设立"物流事业部"。传统的产品运送工作都是由各工厂的经营管理部委托运输公司来做的。伊藤谦介认为,既然外部市场中存在运输行业,何不把公司内部的送货业务集中起来,由一个独立的事业部来运营?物流事业部的成立,不仅提升了自身收益,还大幅度节省了公司的运输费用,把各个工厂在运输管理环节的损失和浪费降到了最低。

不遵循组织细分三原则，阿米巴无法生存

内容摘要 ● 1. 阿米巴组织必须是一个能够独立核算的单位。

2. 阿米巴组织必须是一个能够独立完成某一种业务的单位。

3. 细分后的组织不能阻碍公司经营方针和发展目标的贯彻执行。

把组织细分为5~10人的小阿米巴是阿米巴经营的一项基础工作。如果不细分组织，部门团队就会编制臃肿、信息传递慢、沟通效率低、决策应变能力差。这样的阿米巴不会产生活力。此外，在大型组织中，难以准确衡量每个人的贡献率，容易出现滥竽充数的情况。细分阿米巴组织就是为了让浪费和节约一目了然，减少公司里人浮于事的现象。

但是，我们绝不能机械地按照5~10人的规模强行拆分组织。否则很可能会让相关部门无法继续履行自己的职能，整个公司随

之运转失灵。为此，领导者必须按照一定的原则来划分组织，让阿米巴经营真正发挥作用。

1. 阿米巴组织细分三原则

阿米巴组织细分三原则是稻盛和夫提出来的。他的目的是确保细分后的小阿米巴能够生存下去并完成使命。细分三原则的内容具体如下：

（1）能够成为独立的核算单位

拆分阿米巴是为了准确评估员工的贡献率。经过细分后的阿米巴应该具备独立核算能力，能够清楚地算出收入，并了解获得该收入所需的费用支出。如果不能充分掌握自己的收入和费用支出，阿米巴领导人就无法运营好任何规模的组织。

所以，我们在细分组织的时候，重点是看收入和费用支出能否按照一定的规则来区分。假如一项收入必须由几个团队配合才能完成，就不能按照团队来细分阿米巴，而要将其划分在同一个阿米巴里。如果费用支出是几个班组共同产生的，就不能按照班组来细分阿米巴。阿米巴必须是最小的独立核算单位，当收入和费用支出无法进一步细分时，就算该组织的人数超过了10个，也应该算作一个阿米巴。

（2）能够独立完成一项业务

阿米巴是作为一个独立的业务单位存在的。它的规模无论有多小，都不能影响其独立完成一项任务的能力。组织划分过细，各个小团队的功能不全，反而会降低工作效率，产生不必要的浪费。此外，如果组织划分过细，阿米巴之间的合作和交流在操作流程上就会变得过于烦琐复杂。

因此，阿米巴的划分要以有利于阿米巴领导人及其成员通过创新来改进工作。全体阿米巴成员充分参与到经营当中，以精干灵巧的团队来完成独立业务。公司需要借助一个个高效的独立业务来开拓多个领域的市场。那种按部就班的团队，在阿米巴经营中毫无价值。

（3）有利于贯彻公司整体的目标方针

推广阿米巴经营是为了改变大企业中各部门的官僚主义风气，发动所有的员工来参与公司运营，更好地贯彻公司整体的目标方针。假如细分后的组织变成了新的"山头"，只顾自家利益而不考虑公司的整体发展，就违背了推广阿米巴经营的初衷。

所以，不要把那些可能会阻碍公司方针执行的组织划分为阿米巴。那样必定会破坏公司组织内部的协调，让其他阿米巴的正常运作受到影响，无法完成公司分配给他们的业务。遇到这种情况时，我们应该以别的依据来重新划分阿米巴，确保细分后的精干组织能推动公司的整体发展，而不是变成和官僚主义臃肿部门一样的绊脚石。

2. 划分阿米巴组织的四个依据

在明确了阿米巴组织细分的三原则后，我们可以根据以下四个依据来划分组织：

（1）根据当前的组织结构进行重组

这是最常见的组织划分方法。根据当前的组织结构来重新划分阿米巴的优点是权、责、利比较明确，组织调整幅度相对较小，能把改革带来的阵痛降至最低。员工大致上还是在原先的部门团队中做事，但自主权比以前大了很多，形成了一个独立核算的利润中心。此外，由各个事业部门转化而成的阿米巴，能得到新成立的经营管理部门和其他事业部门的支援，更好地开拓现有事业。

（2）根据公司发展战略进行重组

公司明确了自己的市场定位和战略目标后，可以围绕战略规划来打造阿米巴组织。撤销不适合市场的部门，将其人力资源合并到适合市场需要的部门当中。按照发展战略划分的阿米巴，要密切围绕市场定位开发产品和业务，将注意力聚焦在战略目标上，在产品研发、宣传推广、社群营销、增值客服、品牌文化建设等环节坚持专业化、体系化发展。

（3）根据公司价值链来划分

这种划分思路等于是重塑公司的各项运营流程。通过分析内部价值链找出对公司影响最大的主要价值活动，并确定影响价值活动的各种成本要素。分析外部价值链，看清公司在产业价值链中所处的地位。通过划分阿米巴来向产业链的上下游渗透，优化内部价值链，打通外部价值链。

（4）根据现有的人才资源来划分

阿米巴经营要求每个员工都具备经营意识。公司现有的人才资源中有多少人具备担任阿米巴领导人的综合素质，是管理者在划分组织之前必须认真调查的内容。假如让无法胜任的人做了阿米巴领导人，就会破坏运营效果，让其他员工对阿米巴经营丧失信心。如果内部人才不够用的话，公司应该以科学合理的标准来招聘外部人才。同时还可以加强员工培训，找出普通员工中的潜力股。

阿米巴运营冷知识

稻盛和夫提出阿米巴经营的设想后，最把在对京瓷收支影响最大的制造部门作为试点。先弄清生产电子工业专用的精密陶瓷零件的全部工序，梳理各道工序的收支核算情况，再按照工序A、B、C把制造部门细分为三个阿米巴。随着公司的发展，京瓷又先后按照产品品种、工厂来划分制造部门的阿米巴组织。销售部门则根据地区、品种、客户来细分组织。研发部门与管理部门也根据各自情况进行细分。如今京瓷的阿米巴数量已经超过了3000个。

阿米巴组织的五个维度与四种形态

内容摘要

1. 什么是阿米巴组织的五个维度?

2. 什么是阿米巴组织的四种形态?

阿米巴经营不像传统的企业管理那样依赖等级森严的行政层级,而是具有极大的灵活性。每个阿米巴都像企业一样自主经营,如果它发展壮大到了一个新的层次,就应该从中分裂出新的阿米巴。而那些发展欠佳的阿米巴,则可以合并到其他功能相似的阿米巴当中,减少资源浪费。为了更好地拆分或合并阿米巴,企业管理者应当了解阿米巴组织的五个维度和四种形态。

1. 阿米巴组织的五个维度

阿米巴组织的维度指的是其核心功能定位,主要包括产品、客户、区域市场、品牌、行政职能五个维度。如果不能准确把握阿米巴组织的维度，企业在划分阿米巴时就容易出现错误的排列组合。接下来，我们逐个讲解一下每个维度的阿米巴组织各有什么特点。

（1）以产品为维度的阿米巴组织

从公司生产的产品出发，把与该产品有关的一切活动全部置于同一个阿米巴组织内，然后再在阿米巴组织内部细分职能部门。这就是以产品为维度的阿米巴组织。换言之，公司的每一条产品线都可以被改造成一个独立的阿米巴组织，形成一个独立的利润中心，专门负责该产品的研发、生产、营销等工作。

以产品为维度的阿米巴组织可以集中专业技术的力量，对每一种产品进行深入开发，职能活动比较容易协调，避免生产与销售的脱节，提高生产效率和经营效率。公司也可以通过设置多条阿米巴产品线来推动业务多元化发展。

不过，这种类型的阿米巴组织需要具有全面管理能力的人才担任领导者，否则很难串联起各种职能。如果公司的产品类型多达百种，每一种都改造成阿米巴，就会增加公司的管理难度。各阿米巴组织之间可能会因为市场重叠而激化矛盾，导致管理成本增加。

（2）以客户为维度的阿米巴组织

以客户为维度的阿米巴组织是从销售工作的角度来设置的。公司筛选出最有价值的重要客户后，专门设置一个阿米巴组织与该客户对接，提供其需要的产品和服务。阿米巴领导人成为公司的全权代表，调动各种资源为客户服务，巩固公司与客户的合作关系。阿米巴组织的工作流程往往也呈现出以客户为中心的特征。

这种阿米巴组织的出现是因为不同类型的客户群体有不一样的需求。单一的产品和服务不能满足市场需求，不利于开展客户关系管理工作。为此，公司有必要细分业务类型，分出个人客户、公司客户、机构客户等群体，再让各个阿米巴组织与各类客户群体建立一一对应的关系，最终实现个性化的精准营销，最大限度地提高客户满意度。

（3）以区域市场为维度的阿米巴组织

对于跨国公司而言，根据区域市场来设置阿米巴组织是一种务实的做法。地理上的分散会降低公司总部的经营效率，如果改用自主性极强的阿米巴经营模式，就能有效集中该区域的所有业务工作。

不同于传统的分公司模式，以区域市场为维度的阿米巴组织主要负责研发、生产、物流和销售工作，采购、财务、人力资源管理等工作则是由公司总部的经营管理部门负责。由经营管理部门为各区域的阿米巴提供专业的支援。

这种阿米巴组织的优点是把每个区域改造成一个利润中心，阿米巴领导人有足够的权限来灵活处理区域市场的特殊需求，各区域内部的公司资源能得到有效整合，阿米巴组织对环境的应变能力较好，成本费用也能得到较好的控制。

不过，随着区域阿米巴组织的增加，公司越来越需要能独当一面的大将之才。由于地理和时间的限制，公司总部很难有效监管区域阿米巴组织每天的运营状况。

（4）以品牌为维度的阿米巴组织

有些知名企业旗下拥有多个子品牌，每个子品牌对应了一个具体的细分市场。为了更好地开发这些细分市场，公司可以按照品牌来设置阿米巴组织，确保每个子品牌都有一个独立的利润中心来精耕细作。

如果完全由公司总部来运营所有的品牌，可能会出现厚此薄彼、顾此失彼的现象。影响力大的品牌总是能得到更多资源，而新开发的品牌影响力小，很难得到足够的资源来发展。以品牌为维度的阿米巴组织可以减少这种不平衡现象，有助于公司旗下各品牌百花齐放。

（5）以行政职能为维度的阿米巴组织

公司设立行政管理部的最初目的是想把跟研发、生产、销售等主营业务相关的事务性工作分离出来，让管理者能集中精力经营主营业务。但是传统的行政管理部门在经营者眼中更像是一个干杂活的部门，没有真正成为专业的业务支援机构。

以行政职能为维度的阿米巴组织把市场营销、人力资源管理、客户服务、售后服务等专业机构的行政职能进一步分离出来，并按照专业分工来重新划分职能。对于产品种类差异较小、产品开发周期和生命周期较长的企业来说，这种阿米巴组织有利于避免重复设置相同的职能，可以促进专业职能的有序发展，削减由于机构重叠而造成的多余经费开支。

这种阿米巴组织已经超越了传统的行政管理部门，职能不局限于高效处理公司日常事务，对公司的经营战略、企业文化建设等重要问题也将做出重要贡献，成为公司总部的臂膀和智囊。

2．阿米巴组织的四种形态

有些人以为划分后的阿米巴组织只有一种形态，区别只在于功能有差异。这个看法是片面的。阿米巴组织实际上包括资本型阿米巴、利润型阿米巴、成本型阿米巴、预算型阿米巴四种形态，而这些不同的形态也对应了不同的管理层次。那些规模较大、产品种类繁多、市场多元化的企业，往往是多种阿米巴形态并存的。接下来，我们逐个讲解一下每种形态的阿米巴组织有什么特点。

（1）资本型阿米巴

资本型阿米巴是最高层次的阿米巴，在组织中拥有最大的决策权，但同时需要承担最重的责任。因为资本型阿米巴不仅对成本、收入、利润负责，还具有运营资本和实物资产的权力，故而对投资效果也负有责任。通常而言，资本型阿米巴会跟资本结构（股权）关联起来。

每一个阿米巴都是利润中心。作为资本中心的资本型阿米巴必然是利润中心。但利润中心并不都是资本中心。因为利润中心没有投资决策权，而资本型阿米巴有。资本型阿米巴在考核绩效时要评估其所占用的资产，但利润中心不需要。

（2）利润型阿米巴

利润型阿米巴指的是对成本、收入和利润负责的阿米巴组织，拥有相对独立的收入途径和生产经营决策权。利润型阿米巴下面可以设置数量不等的成本中心或者小的利润中心。随着公司规模的不断扩大，利润型阿米巴也会不断分裂出新的利润中心。

设置这种阿米巴组织可以激发出经营者的主观能动性，促进公司提高目标管理和预算管理的效率，更好地实现公司的战略发展规划。利润型阿米巴的考核指标是利润和成本，按照"销售额最大化，费用最小化"原则来运营。

（3）成本型阿米巴

成本型阿米巴是负责合理控制费用并承担成本考核职能的阿米巴组织，其主要职责是协助利润型阿米巴的营销活动。在阿米巴组织中，每个部门都会跟若干成本中心对接。我们可以把交易过程中产生的不同费用纳入不同的成本中心，以便核算出一个区域市场、一条产品线、一个项目团队的成本。这种阿米巴组织的应用范围最广。凡是有成本费用产生的地方，公司都可以设置成本型阿米巴，在公司内部形成一个完整的成本中心体系。

（4）预算型阿米巴

预算型阿米巴是以控制经营费用为主要职能的阿米巴组织，主要工作是细分费用和验收工作质量，并对此进行量化评估。预算型阿米巴对预算目标进行层层分解，每一个阿米巴成员都必须树立成本意识和效益意识。这种阿米巴组织能科学合理地配置公司资源，让各个阿米巴的工作计划得到相应的预算支持。

预算型阿米巴通过预算管理实现了费用最小化的目标，有助于公司正确评估各个阿米巴的实际业绩。上至高层管理，下至普通员工，都能明确自己的任务和目标利润，并有意识地控制能源消耗，提高经营效益。这种阿米巴组织多设置在支援部门当中。

阿米巴专家有话说●

一个大的阿米巴由几个小阿米巴组成，这个大阿米巴和其他大阿米巴再组合起来就成为一个更大的阿米巴，而在这个合并的过程中就会制造出很多机会。让机会变成现实，这就是阿米巴经营的成功秘诀，也是京瓷的员工为什么富有企业家精神的关键因素。

——阿米巴运营创始人、日本经营之圣　**稻盛和夫**

延伸阅读：怎样检验阿米巴组织的设计方案

阿米巴经营模式要求组织具有极强的环境适应能力，能根据市场变化灵活地调整自己的形态。恰恰是这一点让阿米巴经营充满了变数。当组织结构调整不到位时，原先富有活力的阿米巴组织可能会产生新的弊病，跟公司的发展战略不再相匹配。

为此，企业管理者需要一套方法来检验阿米巴组织的设计方案，以确保变革后的组织依然能高效运营。我们可以从以下几个方面来检验阿米巴组织设计方案的合理性。

1. 是否与公司发展战略匹配

先检查阿米巴组织设计方案是否符合公司的发展战略。无论采用什么样的组织结构，最终都是为实现企业战略目标而服务的。有些公司对部门的分工混乱，机构设置重叠臃肿，白白增加了管理成本。应该根据公司的发展战略对组织机构进行精简。

除了符合公司发展战略之外，我们设置的阿米巴还应该跟细分市场一一对应。假如某个细分市场没有阿米巴负责，或者同一个细分市场设置了多个阿米巴，都不是优化的组织结构。此外，各个阿米巴之间能否协调配合，对完成公司发展战略意义重大。各环节若是不能流畅协作，说明组织结构存在缺陷，必须加以改进。

2. 能否让经营管理部门有效发挥作用

在阿米巴经营中，所有的阿米巴都需要一些专门的管理部门提供专业支援。比如，后面即将提到的经营管理部门，就是公司总部的一个为所有阿米巴提供制度保障、信息支援的特殊部门。

我们在设计阿米巴组织方案时，应该先把相关的管理职能列出来，再将其合理安排到经营管理部门中。

3. 能否优化公司的人力资源配置

下放经营权是阿米巴经营的主要特征。把员工培养成具有经营意识的人才是阿米巴经营的三大目的之一。这是一种让全体成员最大限度地释放活力和创造力的管理模式，必定要对公司的人力资源进行优化配置。

我们可以询问一下公司各部的骨干员工，了解一下现有的组织结构是否有利于他们发挥才能，是否给予他们足够的自主经营权。那种表面上说要下放经营权，实际上员工依然只能被动执行上面交代的方案的组织结构，离真正的阿米巴经营还有十万八千里。

4. 组织设计方案是否具备可行性

公司应该全面调查一切可能阻碍阿米巴组织设计方案贯彻落实的因素。比如，市场环境、国家政策、公司资源是否满足设置阿米巴组织的条件，大股东是否认可阿米巴组织设计方案。

5. 能否有效解决各部门之间的协作问题

无论把阿米巴组织结构设计成什么形态，都要解决部门之间的协作问题。有些企业管理者试图凭借部门之间原有的人际关系网来自行协调合作问题，这根本不是阿米巴经营。阿米巴经营不是单靠领导人的奉献精神就能实现的，更重要的是一套平衡各部门之间利益的协作机制。

6. 管理层级是否足够精干

阿米巴经营是为了解决大企业病而诞生的。所以，把阿米巴组织设计成结构庞杂、管理层级臃肿的心态，肯定是不合理的方案。评估阿米巴组织设计方案合理性的一个重要原则是，一线部门是否真正实现了独立核算，是否具有自主经营的决策权。

如果没有成为独立的核算单位，不能自主决定经营策略，就不是真正意义上的阿米巴组织，而是传统的官僚组织。一旦出现这种情况，我们就要考虑，这个阿米巴是否还有存在的必要，是否有足够的资源来独立完成一项业务。如果达不到这些条件，就不足以单独设置一个阿米巴。

7. 各阿米巴之间的职权范围是否明确

阿米巴经营要求我们把组织划分为能够独立完成一项业务的最小型组织。当原有的阿米巴发展壮大到产生多项业务时，就必须进一步从中分裂出新的阿米巴。这样做的主要原因是明确各个阿米巴的业务方向和职权范围，避免设置功能重复的阿米巴，导致各个阿米巴对业绩问题互相推诿。

8. 组织结构是否保留了足够的弹性

阿米巴经营的原理是企业像阿米巴一样能随时根据环境变化调整自身形态，以提高市场环境适应力。这样的组织结构必须有足够的弹性，否则难以灵活变换形态，缺乏环境适应能力。我们设计的阿米巴组织结构应该能轻松自如地把各个阿米巴重新拆分或合并，而且要保证每一次重组的阿米巴单位依然能正常运转。如果做不到这一点，说明阿米巴经营模式还停留在口头阶段，没有真正落到实处。

第三章

临时工也能参与经营？全靠阿米巴的配套措施支援

●

　　阿米巴经营提倡公司全体成员都参与经营，临时工和钟点工也不例外。众所周知，员工的能力素质往往参差不齐，组织又存在界限分明的行政等级。很多公司连确保每个员工按时按质按量完成手头的工作都做不到，怎么可能实现全员经营呢？但阿米巴经营绝非空谈华而不实的大道理，而是有一整套培养员工经营意识、促使员工积极参与公司各项经营活动的支援制度。在这些配套措施的帮助下，每个留在阿米巴组织内的员工都将获得成长，像主人一样经营公司的事业。本章重点讲的是那些让阿米巴充满活力的配套管理制度。

经营管理部门：所有阿米巴团队的坚实后盾

内容摘要

1. 阿米巴经营不是细分组织各自为战，而是建立一个制定和维持规则的职能部门。

2. 经营管理部门在公司组织体系中具有三大职能。

3. 经营管理部门跟财务部门都要统计数据和处理票据，但两者的职能有根本区别。

阿米巴经营不只是把大型组织细分为小阿米巴就完事了，还要把无数小阿米巴统合起来。因为，经过细分后的阿米巴单位都有很大的自主经营权，单凭一个阿米巴的力量，什么都做不了。若想让各个阿米巴真正发挥功效，就不得不建立配套的支援制度。其中最关键的环节，就是建立一个制定和维持公司内部规则的职能部门。这个颇具阿米巴经营特色的部门，通常被叫作经营管理部门。

1. 经营管理部门的三大职能

经营管理部门存在的最大意义，就是为公司所有的阿米巴提供全面而及时的服务。该部门在公司组织体系中主要担负三大职能。

（1）构建让阿米巴经营正常发挥作用的制度基础

包括设置计算部门收入的管理机制，制定票据处理规则，制定和执行其他公司的内部规则，以保障各个阿米巴能正常运营。

（2）及时准确地向公司上下提供经营信息

制作单位时间核算表，及时准确地向公司高层、各级阿米巴领导人及全体员工提供最新的公司经营信息，让所有人都了解公司的发展现状。

（3）管理公司资产，保障资产的健全化

负责管理应收货款、产品库存和固定资产等公司财产，督促相关部门按照内部规则处理本部门的资产。经营管理部门除了要管理资产负债表上计入的一切资产外，还要独立管理"接单余额"等各种余额。

需要注意的是，经营管理部门虽然涉及很多会计核算管理工作，但跟财务部门是两回事。它承担的是管理会计职能，而不是财务会计职能。假如公司没有一个强有力的经营管理部门给各个阿米巴单位做后盾，阿米巴经营就会变成一盘散沙。

2. 制定公司内部规则的五个标准

经营管理部门包含两种业务体系，一个是"订单生产体系"，另一个是"库存销售体系"。让这两个业务体系正常运转，是经营管理部门的本职工作。为此，经营管理部门要制定指导各阿米巴工作的公司内部规则，并以此为依据对整个公司进行维护管理。企业领导人在制定公司内部规则时，要注意结合以下五个标准。

（1）公司内部规则必须符合公司的基本理念和价值观

无论在哪个公司，企业的基本理念和价值观都是最核心的东西，它决定了这家公司与其他公司的根本区别。想要打造具有广泛影响力的百年老店，就要明确公司的基本理念和价值观，所有的规章制度和经营哲学都由此产生，公司内部规则自然也不例外。

我们在制定公司内部规则时，不可与公司的基本理念和价值观相抵触，必须反映整个公司上下共同遵守的经营哲学与经营战略，这样才能让事业纲举目张，让全体员工产生强大的向心力和凝聚力。假如违背了这一点，上至高层领导，下至基层员工，都不会把内部规则当回事。

（2）公司内部规则的制定必须从经营的角度出发

管理者首先应该明确公司当前的经营形态和组织结构，根据经营的实际需要来制定内部规则的条款。比如，怎样确定阿米巴的销售额、生产率、经费、时间等要素，需要一个明确的、详细的、可操作的规则。

否则的话，阿米巴经营就会因为缺乏规则指导而陷入混乱局面。各个阿米巴握有自主经营权，但完全不知道该怎样发展，只是凭着感觉摸索，只考虑本部门的利益，而不顾其他阿米巴的死活。企业组织分得越细，阿米巴单位设置得越多，越容易因管理无序而导致严重内耗。

（3）公司内部规则应当如实反映经营的实际情况

让员工随时掌握公司经营的实际情况，本来是阿米巴经营模式的一大优点。可如果没有公司内部规则约束的话，就会很容易出现弄虚作假的不良现象。即使没有弄虚作假，很多员工也不知道怎样解读核算表里的数据。这就需要公司通过制定内部规则来加强对核算数字的管理，让每一位经营参与者都能看到可靠的经营数据。

（4）公司内部规则应当具有一贯性

公司制定的内部规则应当具有一贯性。不能只考虑某个特例，而应该以普遍情况为主要参考依据。当我们增加新的具体规则时，必须核实它是否与原有规则相互矛盾。假如新规则和旧规则说法不一，经营者就会感到困惑不已，不知道怎么执行。久而久之，无所适从的人们干脆把公司内部规则丢到一边，只凭自己的经验来做决断。

（5）公司内部规则必须公平公正地适用于整个组织

我们必须明确一点，公司内部规则不是针对个别事业部门制定的特殊规则，而是公平公正地适用于整个组织的普遍规则。它是根据公司整体的利益来制定的，是公司基本理念和价值观的具体反映。为了确保内部规则公平合理，我们应该让所有部门在平等的条件下参与讨论，这样制定出来的公司内部规则才能代表所有阿米巴乃至整个公司的共同利益。

阿米巴运营冷知识 •

稻盛和夫与森田直行在改组日本航空公司时，希望在组织编制上设置一个对利润负责的部门。但是旅客运输服务应该以什么作为阿米巴的核算单位，管理层议论纷纷。有些人认为应该把机场视为阿米巴的核算单位，但经过反复讨论后，稻盛和夫决定以每条航线、每个航班为单位进行核算。于是日航在原有的航运、客舱、机场、整备四个本部基础上成立了"航线统括本部"。

单位时间核算表：让现场员工掌握公司情况

内容摘要

1. 单位时间核算制度的基础是"销售最大化，费用最小化"原则。

2. 单位时间核算表可以让各个阿米巴的运营情况一目了然。

3. 单位时间核算表中最重要的指标是"单位时间附加价值"。

"销售最大化，费用最小化"是阿米巴运营的出发点。经过细分后的阿米巴已经成为一个个独立的利润中心，需要自负盈亏。管理收支核算是阿米巴经营的基础，但各种复杂的财务报表，对于阿米巴经营者来说未免过于复杂。他们很难完全读懂财报，从中了解公司的运营实况。

大多数公司的财务部门只反馈给公司高层的董事，而在现场工作的一线员工对此一无所知，这与阿米巴经营的初衷不符。稻盛和夫坚信，只有让每个一线员工都能掌握公司的情况，才能把阿米巴经营真正做活。为此，他在京瓷创立了一套单位时间核算制度，该制度的核心是单位时间核算表。

1. 单位时间核算表和单位时间附加价值

稻盛和夫是产品研发人员出身，刚开始不太懂财务知识。他判断现场一线员工很难读懂财务报表，于是想借鉴家庭记账本的形式来简单记录各部门的收支情况。

最初，阿米巴经营者只是把实绩、月初预定数字信息填入表中。单位时间核算表在实践中不断完善，逐渐发展成以月度为单位，以具体预定数字来表示阿米巴的活动计划，以对照贯彻销售和经费的实绩为依据的管理核算工具。

在单位时间核算制度中，衡量阿米巴活动成果的标准是"附加价值"。所谓附加价值，就是销售额减去生产产品所消耗的材料费、机器设备的折旧费等除了劳务费之外的所有经费的结果。阿米巴运营者用总附加价值除以总劳动时间，就能计算出每个小时的附加值，即"单位时间附加价值"。

阿米巴经营活动的"单位时间"主要有年度和月度。我们可以通过设定年度目标和月度目标来准确掌握阿米巴活动成果的附加价值，找出经营过程中存在的问题。把各个阿米巴的单位时间核算表汇总起来，就能清楚地掌握整个公司的业绩情况。增加单位时间附加价值，是每个阿米巴的奋斗目标。

2. 稻盛和夫设计的单位时间核算表格式

单位时间核算制度要求整个公司拥有统一的单位时间核算标准。但是不同部门的收入计算方法不同，所以在设计单位时间核算表的细目时要注意结合本部门的实际情况。以下是稻盛和夫设计的销售部门、管理部门和生产部门的单位时间核算表。

销售部门、管理部门和生产部门的单位时间核算表

单位：日元/小时

序号	科目		说明	实绩
A	接单额		从客户处接到的订单金额	
B	总销售额（a+d）		为公司外部客户提供产品（含服务）所获得的销售额	
	订单生产方式	a 销售额	订单式生产中的销售额	
		b 收取佣金	销售额×佣金率	
		c 收益小计（b）	收取佣金=销售额×佣金率	
	库存销售方式	d 销售额	库存式销售中的销售额	
		e 内部采购成本	从制造部门内部采购的金额	
		f 收益小计（d-e）	上述销售额-内部采购成本	
C	总收益（c+f）		上述订单生产方式和库存销售方式收益小计的合计金额	

序号	科目	说明	实绩
D	费用合计（①＋②＋…＋⑫）	开展经营所产生的费用合计	
	①通信费		
	②差旅交通费		
	③打包运输费		
	④销售手续费		
	⑤促销费		
	⑥广告宣传费		
	⑦招待费		
	⑧公司内部利息		
	⑨房租		
	⑩内部杂费	不能计入单一科目的复合经费	
	⑪内部公共费	间接部门分摊的费用	
	⑫总部费用	由各个部门承担的总部间接部门的费用	
E	结算收益（C-D）	从阿米巴的收入中减去除了人工费以外的费用后剩下的利润	
F	总时间（⑬＋⑭＋⑮＋⑯）	阿米巴经营所需要的时间合计（已使用时间）	
	⑬正常工作时间		
	⑭加班时间		
	⑮转移时间	阿米巴之间的转移时间	
	⑯公共时间	间接部门的分摊时间	

序号	科目	说明	实绩
G	当月单位时间附加价值（E÷F）	阿米巴每小时附加价值	
H	人均销售额（B÷I）	人均销售额（总销售额÷人数）	
I	人数（人）	阿米巴的在册人数（以月初为准）	

生产制造部门的单位时间核算表

单位：日元/小时

序号	科目	说明	实绩
A	总出货额（B+C）	阿米巴的生产金额合计（公司外部出货+公司内部销售）	
B	公司对外出货	为公司外部客户生产商品的金额（销售额）	
C	公司内部销售	在公司内部阿米巴之间的交易中，向其他阿米巴出货的金额	
D	公司内部购买	在公司内部阿米巴之间的交易中，从其他阿米巴购买货物的金额	
E	总生产额（A-D）	减去公司内部购买后，本阿米巴的实际生产金额	
F	费用合计（①+②+…+⑩）	开展经营活动所产生的费用合计	
	①材料费		
	②五金配件·外购商品费		
	③外包加工费		

序号	科目	说明	实绩
	④修理费		
	⑤电费		
	⑥折旧费及固定资产利息		
	⑦内部杂费	不能计入单一科目的复合经费	
	⑧内部公共费	间接部门分摊的费用	
	⑨销售佣金	接到订单后，支付给销售部门的佣金	
	⑩总部费用	由各个部门承担的总部间接部门的费用	
G	结算收益（E-F）	从阿米巴的收入中减去除了人工费以外的费用后剩下的利润	
	总时间（⑪+⑫+⑬+⑭）	阿米巴经营所需要的时间合计（已使用时间）	
	⑪正常工作时间		
H	⑫加班时间		
	⑬转移时间	阿米巴之间的转移时间	
	⑭公共时间	间接部门的分摊时间	
I	当月单位时间附加价值（G÷H）	阿米巴每小时附加价值（结算收益÷总时间）	
J	单位时间产值（E÷H）	每小时的生产金额（总生产额÷总时间）	
K	人数（人）	阿米巴的在册人数（以月初为准）	

　　单位时间核算表中没有财务专用的项目术语，而是通过通俗易懂的管理会计的方法展示出来。我相信那些具备一定会计知识的人已经察觉到阿米巴经营就是一种管理会计。通过结算表中的数据来了解自己阿米巴的现状，并在此基础上进行改善，进一步增加单位时间附加价值，就是阿米巴领导者的职责。

　　——京瓷沟通系统有限公司管理咨询（KCMC）会长　**森田直行**

用阿米巴式会议盘活各个运营单位

内容摘要

1. 阿米巴经营需要通过开会的形式来向员工讲解经营理念和管理方法。

2. "核算"与"反思"是阿米巴式会议的两大主题。

3. 会议不能止步于制订和检查年度计划，全体参与者要充分沟通自己的想法。

"会而不议，议而不决"的怪圈在阿米巴经营中是看不到的。因为阿米巴式会议兼具多种功能。它既是公司内部各个阿米巴交流沟通的最佳渠道，也是每一位员工深入学习阿米巴经营理念的最佳场合。会议并不是越多越好，但每一次会议都应该被认真对待，不能只是走走过场。普通员工通过接触阿米巴式会议，将学会怎样成长为优秀员工，甚至出色的阿米巴领导人。为了把阿米巴式会议的作用发挥得淋漓尽致，我们应该注意以下几个方面。

1. 会议的基本宗旨

阿米巴的会议分为多个层级，参与者和会议内容均有所不同。会议通常在月初召开，有时候也可能在月中或月末召开生产进度会议。不过，所有会议都有共同的基本宗旨，那就是对公司各部门的经营情况进行总结和反思，核算当月实绩并编制下个月的预算，同时对一些难以决断的事情进行探讨协商，找出解决办法。

2. 传递各层级经营者的想法

阿米巴会议是一个传递各层级经营者想法的最佳场所。公司决策层必须把自己的想法准确无误地传达给所有与会人员。自下而上的信息反馈也要简明扼要地汇总上报，不能让各种冗杂的无效信息分散大家的精力。通过开诚布公地交换意见，阿米巴经营的意图能够被很好地传达出去，全员参与经营的理念也能落到实处。需要注意的是，与会人员不能只关注汇总意见，而不去对公司未来的发展方向做出思考。

3. 考察阿米巴领导人

培养新一代阿米巴领导人是阿米巴经营的三大主要目的之一。阿米巴会议是个考察各个阿米巴领导人的好机会。在会议过程中，领导人对阿米巴经营哲学的认识是否全面深彻，发言是否条理分明、逻辑清晰，观点是否一针见血，谈吐是否有风度或有学问，对待他人的态度是否有礼貌，遇到争论时是否具有良好的情绪管理能力，都能被大家看到。公司决策层可以根据各个阿米巴领导人在会议中的表现情况来判断其今后的成长方向，对其提供有针对性的指导，帮助他们更好地成长为公司的栋梁之材。

4. 阿米巴领导人提出部门目标

如何改进各部门的利润水平，是阿米巴会议的一个重要议题。阿米巴领导人除了在会议上汇报本部门的实绩外，必须对能够实现的部门目标做出郑重的承诺，根据会议精神制定合理、具体、可操作的方案。假如他们提出的目标违背了公司的整体利益或不符合公司的发展战略，其他会议参与者必须在第一时间进行纠正。这种在所有与会人员面前公开承诺的部门目标，是一个严肃的约定。阿米巴领导人万万不可信口开河，轻诺寡信，否则难免遭到相应的处罚。

5. 根据汇总的情况进行反思总结

在阿米巴会议上，各个阿米巴都要提交当月的单位时间核算表。单位时间核算表上的数据反映了各个阿米巴的全部经营细节。假如数据不尽如人意，会议组织者应该引导其他成员坦然接受现实并积极反思不足，切忌逃避责任和排斥他人。毕竟，这个结果是过去一个月中全体成员付出的心血。反思不是为了相互指责，而是为了总结经验教训，着眼未来的进步。也许反思总结会占去阿米巴会议大量时间，但对于每个阿米巴领导人来说，这是非常必要的步骤。

6. 彻底讨论直到解决问题

除了汇报上月实绩之外，我们还要在阿米巴会议上制订出当月计划。但这还远远不是会议的全部内容。阿米巴经营要求企业管理者不惜花费大量时间组织会议，目的在于彻底讨论问题，直到所有与会人员都完全信服为止。那些因害怕浪费时间而草草结束会议的阿米巴领导人，没有利用这个机会跟其他参与者充分沟通，其所在的部门往往业绩并不尽如人意，反倒是那些宁可开一整天会把问题彻底搞清楚的阿米巴部门能取得出色的成绩。这就是非彻底沟通和彻底讨论的差距。

7. 制订年度计划

阿米巴经营周期一般以月度为单位，但月度计划又是年度计划的延伸。年度计划代表着阿米巴领导人对一年内如何经营阿米巴的构想。每个阿米巴领导人在会议上都要阐述自己的发展方针，让大家知道他们所在的部门接下来将如何发展。这是制订年度计划的基础。

制订年度计划是阿米巴会议的一项重要任务。我们可以在12月份召开所有阿米巴部门领导人都参与的会议，每个部门领导人都要在会议前宣布本部门的发展方针，并提交下一期的计划和预算。公司最高领导人在会议上要耐心听取各个阿米巴的计划，但先不要急于做出任何批示。因为，公司最高领导人还要根据自己掌握的信息来制定下一年度的公司经营总方针，通常在1月份公布。

接下来，各个阿米巴领导人根据公司经营总方针来修改自己部门的年度计划，并将其提交给决策部门。决策部门再跟各个阿米巴事业部门进行详细探讨，沟通达成一致意见后再由决策部门正式批准年度计划。年度计划的制订工作至此才算完成。需要注意的是，制订年度计划是以必须按时完成目标为前提的。当年度计划执行受阻时，各个阿米巴需要通过及时变更月度计划来调整工作进度，确保目标能最终达成。

8. 提交设备投资方案

除了这些日常管理工作外，阿米巴领导人还可以在会议上提交设备投资方案。设备投资方案通常会写入年度计划，必须由阿米巴领导人根据实际需要来主动申请。为此，阿米巴领导人一定要随时关注市场最新动态，看准合适的投资时机，时常检查设备是否符合生产需求。

不过，投资设备的金额在阿米巴经营中一般要变成折旧费或者设备利息，影响部门的收入。所以，阿米巴领导人不会轻易选择不划算的设备。只要现有设备还能继续使用，他们就更倾向于通过改造现有设备来挖掘潜力，而不是优先采购更先进的设备。

9. 申请投资

尽管各个阿米巴有较大的自主经营权，但不能自主决定投资事宜。因为阿米巴不是真正独立的企业，领导人没有利用部门利润投资的权限，也没有任何可供自主投资的预算。假如阿米巴领导人找到了很好的投资时机和投资项目，必须提前向公司提交议案申请书，并在申请书中核算投资带来的收益。

阿米巴运营冷知识

京瓷的阿米巴会议一般在月初召开，由阿米巴领导人在会议上分析上个月的实际业绩，并结合实际情况来制订当月的工作计划。稻盛和夫在开会时总是把所有的决策人员安排在一起，围成一个圈坐下。他认为这样参与会议的人都能看到彼此的脸。而他自己会坐在圈的正中央，以便跟每一位决策人员进行一对一的对话。在开会的过程中，大家不仅仅是汇报自己的工作，同时也在观察稻盛和夫的面部表情，学习正确的问题解决方式。

保持运营管理的透明度

内容摘要

1. 没有透明的管理制度，阿米巴运营无法实现全员参与经营的目标。

2. 要让阿米巴领导人和其他成员都能清楚地了解经营状况。

稻盛和夫当初在设计阿米巴经营模式时发现，大多数公司都不喜欢让员工了解经营现状，而员工不了解任何信息，自然也就无法参与经营管理。想要让员工真正依赖公司，最好的办法就是让运营管理变得透明，让员工真正了解公司现状，并能参与到经营活动中。为了保持运营管理的透明度，管理者需要注意以下几个问题。

1. 设置规模适度的扁平化组织

为了改变原先臃肿的组织机构，很多公司纷纷把传统的金字塔形组织改造为扁平化组织。因为企业规模越大，金字塔形组织的决策层离基层就越远，信息在上传下达过程中经过太多层级，大大影响了决策效率。扁平化组织结构缩短了现场和决策层的距离，能让决策者和基层员工更好地沟通。但是扁平化组织的规模过大，同样会超出管理者的能力，部门之间的横向沟通也容易出现问题。所以，规模适度的扁平化组织才能实现最佳效果。

2. 通过细分组织来提高管理透明度

公司运营管理不透明的一个重要原因是组织职能划分粗略，很多信息混杂在一起。阿米巴经营并不刻意追求组织结构扁平化，而是通过把组织划分为一个个独立运营的小阿米巴来解决效率问题。细分组织专精于某一项业务，既便于核算收支，又利于精准营销。

3. 让公司决策层清楚地掌握经营情况

阿米巴经营不光是对普通员工透明，对决策层同样透明。每个阿米巴代表着一段整合性业务，都独立地核算销售额、时间和费用，并按照一定的比例分摊公司的整体"公共费用"和"总公司费用"。公司决策层核实每一个阿米巴的核算结果，最后把所有阿米巴的核算结果加起来就是公司整体的核算结果。

公司决策层在这种核算制度中得到的是销售额、利润、订单总额、劳动时间和单位时间核算等第一手数据。这些数据让全公司的最新经营情况一目了然，每一个阿米巴的经营状况也保持透明。决策层能准确掌握每个环节的情况，做出更加准确的决断。

4. 让阿米巴领导人了解经营情况

实施高度透明的运营管理，不只是为了便于决策层了解公司现状，同时也是各级阿米巴领导人掌握阿米巴经营情况的主要途径。每个阿米巴领导人最初掌管的都是一个小阿米巴。比如，制造部门的阿米巴领导人最初可能只管一台设备，而销售部门的阿米巴领导人开始可能只有一定数量的商品。保持小型化组织是实现透明化管理的关键因素，阿米巴的规模越小越容易管理，也能减少经营过程中不必要的浪费。当一个小阿米巴发展到比较庞大的规模时，新一轮的组织细分必将提上日程。通过不断分裂成新的阿米巴，公司在扩张规模的同时也能最大限度地保持组织的活力。

5. 让阿米巴成员熟悉经营情况

只有管理层了解公司经营盈亏是远远不够的。推行阿米巴经营模式的一个重要意义，就是让每一位员工都知道公司的盈亏，认清自己的价值和贡献。阿米巴经营使用单位时间核算制度来表示产品附加值和达成目标所消耗的时间和费用，让员工珍惜自己的劳动成果，加倍努力工作。如果人人都知道自己的工作对阿米巴有什么影响，就会按照经营者的思维去考虑问题，然后逐步成长为新一代经营者。

6. 及时掌握阿米巴经营信息

高度透明的经营管理模式必定以及时掌握信息为基础。大部分公司都是每个月统计一次经营情况，过后再把信息反馈给最基层。这就会导致一线员工得到的信息非常滞后，无法根据最新情报来参与经营。阿米巴经营模式强调现场管理的及时性，要求各个阿米巴每天都要把当天的实绩统计清楚，第二天将最新信息反馈给现场，这样才能让员工及时确认自己的工作成果，产生更多责任感。同时也利于公司决策层以最快的速度掌握各个阿米巴的经营现状，提高对市场潮流的反应速度。

阿米巴专家有话说

也许在外界看来，京瓷的飞速成长和高收益实质是源于技术开发能力。当然也有这方面的原因，但回顾过去，我认为，京瓷最大的优势在于，在创业的时候，就依靠心灵相通的同伴之间结成的牢固纽带，尔后又一直把公司员工间的伙伴关系作为企业经营的根基。因此，京瓷能够在企业内部构建起强有力的人际关系。通过发挥集团的合力，京瓷取得了仅凭单个成员的潜力无法获得的成果。

——阿米巴运营创始人、日本经营之圣　**稻盛和夫**

延伸阅读：阿米巴经营年度、月度计划表和日报表

阿米巴经营年度计划表模板

类别	模块		1月	2月	3月	4月	5月	6月	7月	8月	9月	10月	11月	12月
经营目标	1.收入	计划												
		实际业绩												
	2.可控成本	项1：计划												
		项1：实际												
		项2：计划												
		项2：实际												
管理目标	3.质量													
	4.安全													
	5.计划达成率													
	6.……													

阿米巴经营月度计划表模板

类别	模块	成果描述	细化指标	年度目标与分解（定量或定性）达标值	1月份 计划	1月份 实际完成	完成情况说明（达成率；差距/不足）	改进措施
经营目标	1.收入	可以列出各大类产品的收入目标						
经营目标	2.可控成本	控制重点成本项，列出预算						
管理目标	3.产量	可以列出各大类产品的产量目标						
管理目标	4.成材率							
管理目标	5.人数							
管理目标	6.人均产量							
管理目标	7.计划达成率							
管理目标	8.……							

阿米巴经营日报表模板

项目		数据	类别			原因分析
			（1）计划业绩	（2）实际业绩	差异（2）－（1）	
			金额	金额	金额	
收入	净收入					
成本/费用	成本					
	固定费用					
	变动费用					
总成本费用合计						
创造附加值						
人力/成本	工资福利					
	培训发展					
本阿米巴收益						
单位人力成本附加值						

第四章

部门协作靠报酬？内部交易化解组织内部利益冲突

•

当企业划分为多个部门后，往往会出现内耗现象。各部门只考虑小团体的自身利益，而不在乎公司的整体利益，从而做出许多损公肥私的事情。相对于低下的效率，内耗才是大企业病中最具危害性的问题。阿米巴经营把组织细分为一个个独立核算的利润中心，各阿米巴之间不乏摩擦。怎样才能解决内耗问题呢？稻盛和夫等人给出的答案是按照经营市场的方法来经营企业，通过内部交易制度来平衡各阿米巴之间的利益，确保整个组织全面协调可持续发展。我们在这一章重点讲内部交易制度中常见的问题。

内部交易制：把外部市场机制引入企业内部

内容摘要

1. 设置内部交易制度的出发点是消除部门之间的利害对立。

2. 当市场价格发生变化时，阿米巴之间的内部交易价格会很快随之变化。

3. 内部交易制在公司内部形成了市场，让各阿米巴在竞争的同时也密切合作。

在常规的企业经营体系中，销售部门能及时感知市场价格的变化，制造部门总是要过一段时间才能得到此类反馈信息。信息的不对称与职能的天然差异，让这两个本该相互配合的部门各自为政，很容易发生矛盾，出问题时互相推诿。

想要改变这种小团体主义的陋习，不能只靠道德说教。阿米巴经营一方面向全体员工宣扬利他哲学，培养团队协作精神，另一方面通过内部交易制来改变各部门之间的利益分配机制。

内部交易制也叫内部买卖制，最早由稻盛和夫在京瓷推行。京瓷的阿米巴经营专家森田直行解释道："企业内部交易是指将每个阿米巴都看成一家独立的公司，在阿米巴之间发生产品移动的时候，将其视为在企业内部发生了买卖交换。阿米巴的生产总额，是企业内部阿米巴向其他阿米巴销售的'内部销售'总额加上企业对外销售的'对外销售额'之后，减掉企业内部阿米巴之间发生的'内部购买'而得出来的数值。再从这个生产总额之中减掉生产过程中花费的经费，就是我们所说的差额收益。"

由此可见，内部交易制的本质是把外部市场机制引入公司内，各个阿米巴像跟外部客户交易那样与其他阿米巴做买卖。

阿米巴经营把复杂的制造工序划分成若干个小阿米巴，每一道工序与下一道工序不再属于制造部门下的流程，而是以独立核算单位的形式参考市场价格进行交易。后一道工序的阿米巴是前一道工序的阿米巴的买主。假如前一道工序的半成品不符合质量要求，后一道工序的阿米巴可以不买，选择其他的阿米巴进行交易。

公司内部交易制的各个阿米巴都是按照市场机制来进行买卖的。无论是销售部门划分的阿米巴，还是制造部门分裂出来的阿米巴，都有很高的市场敏感度。当市场价格下降时，各阿米巴之间的交易价格也会随之变动。于是公司内部所有的阿米巴能很快掌握市场行情，迅速调整经营策略，实现"销售额最大化，费用最小化"

的目标。

这种别具一格的经营管理模式对市场形势的快速应变能力，能平衡公司内部各单位的利益，促进各个阿米巴之间的协同作战。毫不夸张地说，正因为有了内部交易制的存在，每个阿米巴组织才能像生物界中的阿米巴虫一样自由变形、不断成长。

阿米巴运营冷知识•

1968年，京瓷在美国西海岸设置了派驻事务所，次年又成立了当地法人"京瓷国际"，向美国销售精密陶瓷零部件。但是，当时京瓷国际销售部门的负责人和在日本的京瓷制造部门关系不佳。在美国的京瓷国际销售部门认为自己的业绩没有提升都要怪日本本土的制造部门不负责任。销售员为了维护自己的颜面，甚至在客户面前指责自己公司的制造部门。内斗让该客户对公司失去了信任，从此不再与整个京瓷集团做生意了。

阿米巴之间的内部定价方法

内容摘要

1. 内部定价的执行人一般是每个阿米巴的领导人。

2. 内部定价应该符合交易双方的意愿，不能损害其他阿米巴的利益。

3. 上级阿米巴领导人要努力引导交易双方达成一致。

定价是否合理，关系到企业的兴衰存亡。产品或服务的定价过高，就失去了价格竞争力，没有客户愿意购买；若是定价过低，客户倒是满心欢喜地捡便宜了，商家却连成本都收不回来。阿米巴经营不仅跟外部的客户有交易，跟公司内部其他阿米巴也做买卖。只有定出一个合理的价格，小阿米巴才能在外部市场和内部市场中长盛不衰。把定价视为经营之本，一点都不夸张。

1. 定价一般由阿米巴领导人来决定

每个阿米巴都是一个小的利润中心，阿米巴领导人承担着单位时间核算的职责，故而一般由他们来决定交易价格。自主权虽大，但不好好运用的话，会拖累自己的阿米巴。从这个意义上来说，阿米巴领导人的定价关系到阿米巴的生死存亡。

稻盛和夫指出："商品的寿命不同，定价的方式也会发生变化。如果是卖不掉的商品，就得保证有较高的毛利；寿命较长又畅销的商品不妨薄利多销。商品的性质不同，销售的方式也要发生变化。因此，应该分品种对这些商品进行管理。明白哪个部门赚了，哪个部门亏了，务求弄清各部门的收支盈亏情况。"

可见阿米巴领导人在定价时要充分考虑商品的类型特点，还要兼顾部门的收支情况，因此在交易过程中必须有清晰的思路。

2. 正确把握良品率

在稻盛和夫看来，阿米巴领导人必须具备的一项重要能力是正确把握良品率。因为，对良品率的估值关系到基层阿米巴从上游阿米巴采购材料的数量。在内部交易制度下，阿米巴与阿米巴之间也是参考市场价格来做买卖的。阿米巴领导人如果能正确把握良品率，在采购材料时就能减少浪费，省下更多的流动资金来买别的东西。

3. 定价必须符合双方意愿

既然公司内部像外部市场一样交易，阿米巴之间当然也会出现讨价还价的情况。同级阿米巴领导人在价格上互不相让，并非什么稀奇的事情。比如，销售部门总是说客户只能接受这个较低的价位，而制造部门抗议说这个价格会让我们赔本。这是阿米巴内部交易中最常见的部门利益冲突。若是不能妥善解决，两个阿米巴部门的业务都难有进展。

这时候，上级阿米巴的领导人就要及时出面协调，反复与交易双方的阿米巴领导人商量一个让双方都满意的价格。一般来说，上级阿米巴的领导人对市场更为熟悉，能客观地分析出哪一方的定价更合理，甚至可以先说服外部客户接受较高的价位，再回来引导内部交易双方达成一致。阿米巴经营就是这样来解决公司内部交易纠纷的。

不过，有一条必须注意，定价必须符合双方意愿是阿米巴经营中铁一般的交易原则。上级阿米巴的领导人绝不能以行政命令强行定价，他们只行使监督权和建议权，没有定价权。只能用专业的业务能力和公平处事的态度服人，不可刚愎自用、以势压人，不然就变成了强买强卖。说到底，定价关系到每个阿米巴的存亡，谁也不能违背双方自愿原则胡乱定价。

为了做出公平公正的判断，对价格有决定权的经营领导人必须兼具有关劳动价值的社会常识。比如，销售电子设备需要百分之几的毛利，做这种事的临时工或钟点工每小时的工资是多少。如果外发，需要支付多少钱。对这些情况，经营领导人平时就要学习，要熟悉相关行情，这是很重要的。

——阿米巴运营创始人、日本经营之圣 **稻盛和夫**

用"实绩"和"余额"来控制业务流程

内容摘要

● 1. "实绩"管理对阿米巴经营有什么意义？

2. "余额"管理对阿米巴经营有什么意义？

如何及时而准确地获取实绩数字，是反映各个阿米巴经营状况的关键。假如不能正确把握实绩，一线员工们就不会意识到自己做出了哪些贡献。阿米巴领导人应该在核算表里正确反映基于部门职能的活动成果，按照公平公正、简单通俗的规则来统计实绩。最重要的是通过"实绩"和"余额"来控制业务流程。

我们在管理实绩时不能只看已有的数字，还要顺着业务流程来掌握"实绩"和"余额"。此处的"余额"是一个存量数字，涉及将来的实绩，是实现"销售最大化，费用最小化"的重要指标。当订单、生产、销售等环节产生实绩时，必有余额发生。因此，阿米巴经营要求人们对实绩和余额进行——对应的管理。

1. 订单生产方式中的实绩和余额的对应关系

销售部门接到的订单计入"接单实绩"，与此同时也产生了"销售接单余额"和"制造接单余额"。接下来，制造部门负责生产，把产品交给经营管理部门，活动成果计入"生产实绩"。

此时的余额再度发生变化，"制造接单余额"要扣除相应的额度，"库存"则增加对应的额度。当产品出售给客户后，就计入"销售实绩"。余额中的"销售接单余额"和"库存"都要扣除相应的额度，"应收账款余额"则增加相应的额度。顺利回收的货款入账时计入"入账实绩"，同时减少"应收账款余额"。如果是支票入账的话，就增加"票据余额"，在票据变为现金时，整个交易全部结束。

只要管理足够严格，"接单实绩"和"生产实绩"是相等的，"销售实绩"和"入账实绩"也是相等的。换言之，经营者在计入接单实绩的那一刻，可以把握未来的生产、销售，乃至入账金额。销售部门和制造部门都可以根据"接单余额"来调整自己的工作计划。

2. 库存销售方式中实绩和余额的对应关系

销售部门与制造部门协商后，把市场需求转化为商品。由销售部门给制造部门下订单，经营管理部门受理业务后计入"公司内部下单实绩"。此时会产生"销售下单余额"和"制造接单余额"。制造部门把加工完成的商品交给经营管理部门，计入"生产实绩"。此时"销售下单余额"和"制造接单余额"会减少，"库存"会增加。

销售部门从客户那里拿到订单，发出出货指示，这个活动成果要计入"接单实绩"，"接单余额"会相应增加。经营管理部门把商品出货后计入"销售实绩"，减少"库存"和"接单余额"，增加"应收账款余额"，此后的流程与订单生产方式相同。

3. 公司内部买卖中实绩和余额的对应关系

在公司内部买卖制度中，需要从其他阿米巴购入部件的阿米巴称为委托部门，生产部件的阿米巴称为被委托部门。由委托部门向被委托部门咨询价格，然后进行价格、交货日期、产品规格的谈判。

当双方确定内容后，委托部门进行下单处理，计入"接单实绩"和"下单实绩"，此时会产生"接单余额"和"下单余额"。被委托部门根据订单进行生产，做好的部件交给经营管理部门，计入"生产实绩"和"采购实绩"，减少相应的"接单余额"和"下单余额"。整个公司内部交易至此完成。

4. 采购流程中实绩和余额的对应关系

阿米巴经营为了实现"购入即费用"的目标，会确立采购流程。我们对采购流程中的实绩和余额同样需要严格管理。由委托部门按需要委托采购部门进行采购。采购部门选择供应商后下订单，计入"下单实绩"，同时产生了"下单余额"。经营管理部门负责接收供应商交付的产品，计入"收货实绩"，减少相应的"下单余额"。与此同时，增加相应的"未验收"。

委托部门从经营管理部门那里收货后，负责对产品进行验收，验收完成后产生的"验收实绩"，就是公司认可的费用。此时应当减少"未验收"，增加相应的"应付账款余额"。应付账款由财务部门完成支付后，计入"支付实绩"，减少相应的"应付账款余额"。整个交易至此完成。

总之，阿米巴经营的三种收入机制都适用实绩管理和余额管理。各个阿米巴通过管理实绩和余额，可以减少工作流程中的失误，提高经营会计准确率，平衡各方收支。企业高层也能借此准确掌握各部门的收支盈亏情况。只有在这个前提下，内部交易制度才能发挥真正的作用。

　　各个阿米巴是在共同的理念之下，在同一个公司内，一起奋斗的命运共同体。因此，每一位阿米巴长在明确坚持自身立场的同时，抛弃利己主义，为公司的整体利益着想，做出应有的正确判断。在这个前提下，各阿米巴在整体保持一致的同时，必须努力追求自己的利益。所以，无论怎样细分组织，整个公司仍会像一个生命体一样生生不息。

　　　　　　　——阿米巴运营创始人、日本经营之圣　**稻盛和夫**

内部控制的关键是结果反馈及评估

内容摘要

1. 阿米巴经营的结果反馈程序主要包括四个环节。

2. 成绩一出来就立即进行讨论，让员工尽快知道哪些方面需要改进。

3. 评估结果的指导思想以及七个环节。

　　阿米巴经营把自主经营权下放给现场员工，但严密的内部控制制度能让公司总部对各个阿米巴进行强有力的调控。其中的奥妙在于完善的结果反馈及评估制度。理论上，每个工作日的产出、时间和费用等实际成绩都要在下一个工作日以日报的形式传达给公司的每一个部门。而公司各部门根据上一个工作日的数据可以了解每一天的总体经营情况，以及截至当天的当月累计成果。每个阿米巴领导人都能据此算出每一天的单位时间核算。

只要长期坚持每日反馈，各个阿米巴就能及时了解和解决各种问题，减少失误，增加利润。全体员工也能通过掌握最新信息来成为经营的主角。为此，我们必须熟练掌握阿米巴结果反馈制度的四个环节。

1. 结果反馈制度的四个环节

（1）结账一小时后立即公布结果

公司可以把每一个月末的最后一个工作日设定为结账日。在中午时完成结账，下午再进行最后一次核算。由于各个阿米巴领导人在每日结果反馈过程中已经及时掌握了截止到月末最后一天的累计数据，所以把核算结果整理出来并不难。公司在结完账后的一个小时后召开总结会，让所有的阿米巴领导人根据统计数据来向其他成员宣读当月的工作结果。

（2）马上反思总结反馈结果

人们在工作过程中会产生很多想法，但时间一长就会忘掉其中大部分内容。如果不能在反馈结果时进行反思总结，就会错过及时解决问题的机会。总结经验教训的速度越快，员工越能早早知道此前的工作结果，关注自己的工作质量。在阿米巴经营中，对公司本阶段经营成绩的总结最长控制在三个星期左右，若能控制在十天左右更佳。

（3）把公司整体经营状况传达给全体员工

公司整体经营状况的反馈结果，包括临时工在内的所有员工都有必要知道。因为在现场进行生产或销售的基层员工才是公司运营真正的主角。没有他们的辛勤劳动，公司不可能完成任何月度计划、年度计划，更不会因此走向繁荣。当全体员工真正明白公司的处境时，更容易信任公司，团结一致地帮公司走出发展困境。

（4）公布每个阿米巴的经营成绩

各个阿米巴领导人在每个月的第一个工作日应该召集全体成员开晨会，宣布本部门以及其他阿米巴的经营成绩，指出今后的工作重心是提高销售额，还是严格控制时间和费用，并提出这个月的工作目标。此举可以让所有员工了解自己所在阿米巴及其他阿米巴的现状，有利于增强公司内部的竞争意识，激励员工去挑战更高的目标。

2．评估结果的七个环节

评估结果是引导员工进步的重要经营手段。在阿米巴经营中，评估结果主要是对每一个员工的工作情况和各个阿米巴的经营情况做出整体有效的评估，让全体员工感受到公司的重视和期待。为了更好地改进工作，我们在评估结果的过程中要注意以下几个问题。

（1）严格审查结果

在阿米巴经营中，评估结果的第一个环节就是严格审查。阿米巴领导人要拿评估结果对照当初的计划和预算，进行一次彻底的审查。因为阿米巴经营模式把经营权交给了各级阿米巴领导人，让他们全权负责经营结果。如果不对评估结果进行严格审查，就可能会出现舞弊现象。换言之，阿米巴经营既有宽松的地方，又有严格的地方，张弛有度才能避免进退失据。

（2）用核算数据反映结果

单位时间核算的结果能清晰地揭示各个阿米巴的经营结果。通过审查单位时间核算表上的各项具体数据，我们能从中发现很多潜在问题。因此，在评估结果的过程中，所有的阿米巴领导人都必须诚实地公布自己负责的阿米巴的本月核算结果，让所有人都知道你在这一个月里的实际成绩如何。想要获得公司的高度评价，阿米巴领导人就得想办法提高单位时间核算数据，积极地改进现有的运营环节。比如提高生产效率，控制费用的支出，提高时间利用率等。

（3）不得掩饰实情

稻盛和夫说过："企业需要真相，不论在什么时候，请我们的阿米巴领导人把真相留在现场，因为这是让员工知道自己是京瓷主人的最好方法。"有些阿米巴领导人由于经营不善导致自己负责的阿米巴业绩下滑。由于害怕承担责任，他们会把利润低的产品和利润高的成品捆绑在一起管理，掩盖自己的短板。这种现象遭到稻盛和夫的严厉批评。绝大多数阿米巴领导在进行核算时都不会隐瞒实际经营情况，而是让员工清楚地意识到该部门出现了亏损，拖了全公司的后腿。领导人要知耻而后勇，带领员工一起全力以赴地达成目标。

（4）考察经营本身的内容

每个阿米巴面对的客户、使用的设备存在差异，取得的结果肯定也是不同的。所以，对阿米巴的结果评估不能只是一味强调结果，最重要的是考察经营本身的内容。有的阿米巴单位时间核算结果很高，但这可能是因为该阿米巴本身拥有更好的设备和更大方的客户等有利条件。有些阿米巴的单位时间核算结果虽然低很多，但在一年内已经出现了较大幅度的提升，这样的阿米巴领导人才配得上更好的评价。

（5）用结果去验证计划的偏差值

公司在当初设定计划时会设定一个预期的目标，当真正的结果被核算出来后，决策层就要用它跟最初计划的预期目标进行对比。通过结果来验证一个阿米巴领导人完成了多少计划，使用了多少预算。那些实际结果和预期目标的偏差值小到可以忽略不计的阿米巴领导人，今后将获得更多的信任。反之，就需要进一步调查阿米巴领导人没能达到预期目标的主要原因，找出改进的方向。

（6）评估结果允许失败

当员工挑战目标失败后，得到的评估结果自然很低。但阿米巴经营哲学是允许失败的，不能因此过分指责失败者。当员工失败时，最需要的是帮助而不是指责。阿米巴领导人要帮助自己的员工总结经验教训，让他们快速成长。这是阿米巴经营最有人情味的地方，也是一种特殊的激励机制。宽容失败，鼓励挑战，赞美成功，员工在这样的氛围下会变得更加坚韧不拔，对公司更加忠诚。他们会怀着主人翁的心态奋发图强，努力创造更高的业绩，回报公司的宽容。

（7）奖励方式是对员工委以重任

阿米巴经营模式为员工提供了更多施展抱负的舞台。就连阿米巴领导人也经常随着组织结构调整而自由变换。如果一名员工的业绩一直不佳，在大家的帮助下毫无进展，就可能会被淘汰掉。但只要他自己没放弃继续努力，就还有继续留在公司的可能。如果一名员工持续获得出色的业绩，同时又具备做领导的潜质，将会被公司决策层提拔为阿米巴的领导人。通过结果评估来挑选有潜力的良才，对所有表现优异的员工委以重任，正是阿米巴经营长盛不衰的秘诀。

阿米巴专家有话说

在京瓷中，如果每一日的反馈能够得到长期坚持，就能够让各个阿米巴及时地了解到现场出现的各种问题，并及时地采取相应的措施，从而保证京瓷集团少出现失误，多增加利润。如果阿米巴能够将累积到月底的数据仔细地去分析，那么我们就能够拥有很多改善的良机，因为新的信息永远都有着不可估量的价值，而这也是让员工成为企业主角的最好方式。

——阿米巴运营创始人、日本经营之圣　**稻盛和夫**

延伸阅读：实施内部交易时的注意事项

公司实施内部交易制度不仅能把市场动向有效地传导到公司的各个环节，还能促进各个阿米巴之间的合作。

但是，这是以内部交易制度健全为前提的。打造这种具有阿米巴经营特色的体制，意味着公司的内部管理任务增加，交易成本也会发生很大变化。若是操作不当，内部交易制度就无法盘活各个阿米巴部门。为此，我们要注意以下两个事项。

1. 内部交易成本不可过高

按照科斯天花板理论的观点，当企业发展到某个节点时，管理成本就会吃掉全部利润，以至于无法继续增长。

阿米巴经营压缩了中间管理层级，优化了多余的业务流程，可以大幅度地削减公司的管理成本。

当公司内部市场化程度较高时，管理成本会进一步下降。与此同时，各阿米巴之间的交易成本反而会增加。

内部交易制度让阿米巴同时跟外部客户和内部其他阿米巴展开交易，频繁的内部交易必然会增加各阿米巴投入的经费，从而增加交易成本。

也就是说，内部交易制度中的管理成本和交易成本成反比关系。如果只是片面追求公司内部市场化，而不注意控制内部交易成本，就会破坏阿米巴经营的效果。

为此，我们应该尽可能地让内部交易流程保持简洁，合理分摊费用与劳动时间，注意控制阿米巴的规模，提供高效而准确的价格形成与决策机制。

2. 构建完整的内部利益链条

内部交易制度相当于在公司内部打造了一个完整的内部利益链条。否则的话，有的阿米巴拥有大量内外部合作者，另一些阿米巴却因找不到内部合作者无法与外部客户对接而亏损。公司划分阿米巴组织的根本目的是让每个业务都成为一个利润中心，提高各环节的运营效率，增加公司的整体收益。

内部交易制度本身是为了消除公司内部各部门之间的利益冲突而设计的。如果出现了上述现象，意味着内部交易制度已经失灵了，公司不能给那些业务上先天不利的阿米巴提供足够的支援。

解决这个问题的唯一途径就是完善公司的内部利益链条，让各个环节的阿米巴真正衔接起来，成为首尾相连的利益共同体。

公司总部的经营管理部门要及时掌握各阿米巴的动态，根据发展需要不断重组阿米巴组织，确保每个阿米巴都赚到钱。这样才能让各个阿米巴形成相互竞争又相互合作的关系，不至于沦为纯粹的竞争对手。

总之，阿米巴式内部交易制度是一套完善的经营体制。只有在配套措施完善的前提下才能发挥效果。在引进这项制度的时候，管理者不能不认真考虑本公司是否具备相关条件。仓促上马可能画虎不成反类犬。

第五章

管理弊端发现晚？会计核算精准及时反映公司动态

●

　　阿米巴运营追求的"人人参与经营"，是以每个员工都能掌握公司发展情况为前提的。要做到这一点，就必须让所有的员工都能随时接触到公司经营的数据，并读懂每一组数据所代表的含义。企业管理离不开财会知识。财务报表中的数据往往能反映出企业运营过程中存在的问题。特别是把公司细分为若干阿米巴后，每个阿米巴领导人都要掌握会计核算技能，准确地了解公司当前的运营动态。唯有如此，各阿米巴才能贯彻"销售最大化、费用最小化"的经营原则。本章讲述的是与阿米巴相匹配的会计核算制度。

阿米巴经营的"会计七原则"

内容摘要

1. 稻盛和夫为什么要创建京瓷会计学?

2. 京瓷会计学的七原则分别是什么?

　　阿米巴经营与传统经营管理模式的一个重要区别是阿米巴经营高度重视会计工作。为了便于各个阿米巴能快速准确地处理日常会计问题,稻盛和夫创建了一套京瓷会计学。京瓷会计学不同于常规的财务会计工具,要求企业管理者从经营的角度对会计问题做出判断,不被会计常识束缚。通过掌握京瓷会计学原理,阿米巴领导人可以准确地把握阿米巴运营过程中产生的销售额、生产量、经费、时间等实绩数字。京瓷会计学最核心的内容就是以下七大原则。

1. 一一对应原则

在单位时间核算制中，阿米巴领导人必须准确把握公司内的物品和金钱的流动状态，并把记录这种流动结果的票据跟物品和金钱一一对应。这就是京瓷会计学的一一对应原则。

不少公司为了省事，在这个环节把控得很宽松。业务经办人常把商品先交给客户，而没有当场开票据。由于工作繁忙，经办人会容易忘记开票，导致货款无法回收。

粗糙的管理不仅会给公司造成经济损失，还会留下"票据作假""账外交易"的作弊空间。久而久之，整个组织的账目就会变得一塌糊涂，风气败坏，无以为继。

一一对应原则反对把物品、金钱和票据分开处理的做法。物品流动必须及时开票，让两者同时流动。此外，当某种产品已经生产，由此产生的销售额、材料费和经费都应该计入当月。收益和费用一一对应，才能确保月度利润能准确反映经营状况，防止差错的产生，杜绝不法行为。

2. 多重确认原则

多重确认原则指的是在所有业务流程的每个环节，必须由多个人员或部门进行多次确认。除了上述环节外，在物品购入、材料物资的接受、进出货、货款回收等环节至少需要两个部门相互确认，然后才能进入下一个流程，让经营者得到正确的经营数据。

阿米巴经营采用分部门独立核算的制度，每个部门都希望改善自己部门的核算结果。有些员工眼看当月实绩不如预期，就忍不住通过篡改数字来掩饰失败。

而在现金出入、公司印章的使用、保险箱的管理、应收款与应付款的管理、支付凭证等重要环节，也存在舞弊的隐患。为了确保公司利益，也为了保证员工不犯错误，各个阿米巴在进行会计核算时必须贯彻多重确认原则。

3. 完美主义原则

完美主义原则最基本的要求是产品质量过硬，不良品为零。阿米巴经营把研发、制造、销售等环节都改造成了阿米巴组织，各阿米巴都要完美无缺地完成工作。按照京瓷会计学的要求，接单、销售、生产及单位时间等经营指标只要没达到100%，即使已经实现了99%，依然不能予以好评。

经营管理部门在处理单位时间核算表和财务的结算报表时也要贯彻完美主义原则。因为这些报表都是判断公司经营状况的基础资料，数字一旦有误，就会让经营者对公司现状产生误判，做出错误的决策。贯彻完美主义原则固然很难，但我们不得不这么做。

4. 筋肉坚实原则

所谓筋肉坚实原则，指的是排除一切不必要的经费开支，撤销不产生利润的库存和设备，对长期滞留的库存进行严格管理，以免增加不良资产。

需要注意的是，京瓷会计学不允许阿米巴领导人把卖不掉的产品长期计入资产中。因为这样算出来的都是虚高的利润，不能准确反映实际的运营情况。

各个阿米巴要尽早处理滞销产品，控制因设备投资产生的折旧费和人工费等固定费用。不要轻易购买市场上新出的性能优良的设备，而要尽可能充分利用现有设备来创造效益。

因为过度重复地投资设备会削弱阿米巴的经营力量，一旦产生固定费用，就很难削减。

阿米巴经营的筋肉坚实原则也叫"即用即买原则"，也就是只在必要的时候购买必要数量的必要的东西。杜绝浪费，减少库存，节省经费，防止不良资产的产生。

5. 提升效益原则

阿米巴领导人的工作重点是提升核算效益、增加现金量、强化财务管理。当我们提升了核算效益时，阿米巴的实际业绩会增加，公司的股价会上涨，股东会获得更多的分红。公司内部留存就会增加，自有资本比例随之升高，给未来的投资留下更多余力。

提升效益原则的核心精神依然是"销售最大化，费用最小化"。各阿米巴通过提高创造附加值来实现这个目标。附加价值就是"结算销售额"，用结算销售额除以总时间得到的"单位时间"能一目了然地揭示阿米巴核算效益的变化。当每个阿米巴努力提升核算效益时，公司的整体收支效益也会增加。

6. 现金本位的经营原则

现金本位的经营原则指的是各个阿米巴应该把焦点集中在"现金的流动"上。因为利润实际上就是支付了所有费用后剩下的钱。财务会计制度由于列入收益和费用的时点存在差异，导致实际的现金流动和结算表上损益的变动无法直接挂钩。如此一来，阿米巴领导人很难把握实际的经营情况。

京瓷会计学认为企业应该回归会计的原点，以对经营最重要的"现金"为基础来进行公司内部会计处理和单位时间核算。这样就能消除造成产品利润和持有现金之间差异的因素，让当月事业活动产生的资金流动情况完整地反映到核算表上。

7. 透明化的经营原则

所谓透明化的经营原则，指的是各阿米巴要把经过财务处理的经营数字透明化，让阿米巴领导人和普通员工都能读懂。

如果员工读不懂公司运营的实际状态，就不会产生经营者意识。而阿米巴领导人的行为在经营会计中一览无余，便于员工监督，也利于取得投资人的信任。

为此，阿米巴经营力求经营管理透明化，定期公布各阿米巴和各部门的经营实绩，以此为基础讨论经营方针，确定发展方向。唯有运营管理透明化，员工清清楚楚地了解公司的大势，才能让他们积极参与经营。

阿米巴专家有话说

如果分部门统计销售额和费用有困难，只要准备四个装销售额的篮子就可以了。商品进货的货款，以及店里发生的一般的费用，绝不可以从篮子里拿取，而要从篮子以外的、在别处管理的资金中支付，并保存支付凭证的票据。这样就能统计出各个部门的进货金额和其他的费用支出。

——阿米巴运营创始人、日本经营之圣　**稻盛和夫**

收入计算：分清三种收入机制

内容摘要

1. 订单生产方式有哪些特征？

2. 库存销售方式有哪些特征？

3. 公司内部买卖方式有哪些特征？

当一线员工每天都能实时掌握工作成果带来的收入时，他们就会更加热衷于提高工作质量和效率。一线员工不喜欢过于复杂的财务报表。只有简明易懂的收入计算方式才能达到这样的效果。收入计算是阿米巴核算管理机制的重要组成部分。用生产金额表示成果，再弄清实现这个生产金额需要付出多少费用，就能让一线员工切身感受到运营效率的好坏，促使他们想办法减少费用并提高金额。阿米巴经营有三种不同的收入机制。因此，我们在计算收入时要注意收入方式的内在差异，以免错算收支。

1. 订单生产方式

所谓订单生产方式，是指公司从客户那里拿到订单，按照订单规格生产和销售的商业模式。销售部门和制造部门的收入取决于订单生产情况。京瓷集团在创业期主要采用这种以"订单生产"为中心的收入机制。通过对多品种产品生产进行有效的核算管理，京瓷的制造部门能根据订单金额直接了解市场价格的动向。

在订单生产方式中，产品不得卖给第三方，每一款产品的价格都要跟客户谈判后确定，公司在订单价格范围内获取利润。因此，制造部门按照"订单金额=卖给客户的销售金额=制造部门的生产金额"的原理来计算收入。制造部门的各个阿米巴在订单生产方式下可以事先察觉产品销售单价下降对核算效益的影响。

订单生产方式的核心理念是"利润的源泉在于制造部门"。制造部门对利润负责，而销售部门的收入来自于从制造部门获得的销售佣金。设定销售佣金率的依据是阿米巴的业务形态和产品种类。佣金率设定后就不可轻易更改，否则会因为标准不统一而造成公司内部纠纷。由于产品售价对制造部门的影响很大，所以制造部门会与销售部门一同行动，跟客户交涉价格和订单问题。

2. 库存销售方式

京瓷集团在拓展了照相机、打印机等业务后，最初完全以订单生产为中心的收入模式发生了变化，转而保有库存，向一般消费市场销售商品。销售部门对商品销售额进行预测，同时对库存和销售负责。为了及时供货，制造部门由直接从客户那里获取订单转为按照销售部门发出的订单来生产产品。这种收入机制就是库存销售方式。

库存销售方式由销售部门和制造部门协商决定产品的期望零售价格，并通过各个流通环节上的价格模式来确定部门之间的公司内部买卖价格，也就是制造部门的出货价格。销售部门要根据市场预测情况来向制造部门订货，双方是下单和接单的关系。

在库存销售方式中，制造部门的收入根据出货价计算出公司内部的销售额，销售部门的收入是实际销售金额扣除制造报价后的毛利。

库存销售方式的操作要点是如何把库存控制在最小限度之内，避免公司出现太多不良资产。制造部门闷头增加产量会造成库存积压，所以必须严格按照销售部门发出的订单来生产，销售部门收到产品后负责库存管理。一旦库存产品沦为废物或必须降价处理，损失和责任由销售部门承担。

3. 公司内部买卖方式

在阿米巴经营中，公司内部各道工序之间要进行内部交易，这就是公司内部买卖。各个阿米巴作为企业实体独立经营，在交易过程中获取利润。因此，公司内部交易和公司外部交易一样，要以买卖产品的方式交接材料和半成品。

阿米巴要计算"公司内部销售"和"公司内部采购"等实绩数据。此时的买卖价格由各个阿米巴根据自己的经营情况来协商决定。需要注意的是，公司内部买卖不可设定一个让各个阿米巴平摊利润的方法，而要根据市场价格来决定各个阿米巴之间的买卖价格。

因此，各个阿米巴之间的物品流动以包含了各种附加价值的公司内部买卖价格进行交易。所有的阿米巴按照这种流程来独立核算、独立经营。各道工序的阿米巴通过内部买卖来产生收益，并对发出订单的下道工序支付内部佣金。制造部门作为最终工序，需要向销售部门支付销售佣金，所以需要各道制造工序的阿米巴公平负担这笔佣金。

公司内部买卖方式可以把市场动向及时传递到各个制造部门，随着内部交易的不断深化，公司内部也会形成市场。各阿米巴之间保持适度竞争，最终提升公司的整体竞争力。

总之，订单生产方式、库存销售方式、公司内部买卖方式的原理和操作要点各异，计算收入的方法也大相径庭。企业经营者在计算收入时应该弄清楚公司的阿米巴采用的是哪种收入机制，以免因错估收入而造成不必要的损失。

京瓷在创业之初是按照客户指定的规格来制造产品的，也就是以"订单生产"为中心的运营模式。后来京瓷又增加了照相机、打印机等业务，不再像过去那样按订单来生产，而是向一般消费市场销售商品，从而形成了由销售部门对商品需求进行预测，同时对库存和销售负责的运营模式。

经费计算：按费用最小化原则来运作

内容摘要

1. 实现费用最小化的关键是让大家知道自己在现场使用了哪些经费。

2. 非核算部门同样要遵循费用最小化原则。

阿米巴经营的要诀是"销售最大化，费用最小化"。稻盛和夫宣称："在降低经费支出方面，不能因感到这已经是极限了而放弃努力，而要相信人类的无限可能性，付出不懈的努力。如果能够做到这一点，利润就有可能无限制地增长。按照这个原则，通过全体员工持之以恒的努力，企业就能实现长期的高收益。"

削减经费的意义无须赘言，只是要达成这个目标并不容易。很多人并不清楚自己在工作现场使用了哪些经费，也没计算过各项经费究竟花了多少。粗放的经营管理模式让他们不知道该从哪里节省经费。阿米巴经营的单位时间核算制度，恰恰要求每个员工准确地计算费用，以此掌握经营情况。我们在计算经费时，应该注意以下几个方面。

1. 受益者负担的原则

费用的种类有很多，包括原材料费、电费、水费、外包费、折旧费、修理费、间接部门费用等。各个阿米巴在相应时间段花出去的钱都属于费用，但在财务会计上被分别归入制造成本、销售费用和管理费用。费用核算的关键是让员工弄清楚哪些是"自己应该负担的费用"。比如，该是间接部门负担的费用就不能随随便便摊到各个阿米巴头上。

除了劳务费之外，所有事业活动产生的费用都要计入。经营者在计入费用时，应当遵守"受益者负担的原则"，即费用由使用它获得某种利益的部门来承担，这样才能保证费用分摊公平。假如出现了多个受益部门，则要按比例分摊费用。比如使用了同一台设备的几个阿米巴，要与其他相关阿米巴进行协商，根据受益的大小来确定费用分摊比例。

2. 让现场员工把握费用

现场员工承担着最多的工作，也是使用经费最多的人。但现场员工通常没有控制经费的意识。阿米巴经营重视对公司费用结构的分析，并要求让现场员工明白哪些费用科目是需要控制的。比如公关费用不要笼统地概括为水电煤气费，而应该把账目细分为水费、电费、煤气费等。

需要注意的是，在阿米巴经营中，变动费用和固定费用都是"费用最小化"原则的实施对象。经营者要对固定费用进行细分，彻底弄清是否还有节省费用的余地。按照部门来分摊的费用同样需要细致的管理。无论怎样，必须让现场员工充分理解哪些费用科目特别浪费，需要改进工作方式。

3. 购入即费用

阿米巴经营不像常规企业那样按月处理费用，而是每天都要实时处理费用，并把费用信息反馈给现场员工。根据京瓷会计学的"现金本位的经营原则"，我们应该记住"购入即费用"这句话。为了加强对现金流的管理，经营者只在必要的时候购买必要数量的必要物品，只要购入了物品，就要按照采购价格计入费用。

此外，阿米巴经营对库存征收的公司内部利息比市场利息更高。对固定资产、应收账款、票汇余额要征收公司内部利息，这也要计入相关部门的费用。

4. 非核算部门费用的计算方法

阿米巴经营把组织分为核算部门和非核算部门两大类别。按照稻盛和夫设计的制度，非核算部门的费用是由核算部门来承担的。其费用总额通过"部内公共费"等进行一次性分摊，而非核算部门的费用合计为"0"。

分摊费用的标准是基于前面提到的"受益者负担的原则"，让各个核算部门商量一个与受益部门相匹配的比例来进行分摊。由于要分摊来自非核算部门的费用，核算部门可以要求非核算部门减少费用。

总之，现场才是阿米巴经营的主角。经费在最小经营单位阿米巴之间分摊转移，提高了核算的精度。处于现场的员工们也能正确认识自己的经营状况，强化成本意识，提高节约经费的积极性。

阿米巴运营冷知识 •

稻盛和夫出任日本航空公司董事长时，从2010年7月开始召开月度"业绩报告会"。集团本部和子公司的各个领导人集中到一起，依据本部门的数据，发布各自的经营业绩。每次业绩报告会会持续两三天，从早忙到晚。大家一起观看分部门、分科目的上月实绩和当月制定的核算表，共同讨论运营细节。稻盛和夫会对任何存在疑点的数字（比如交通费或水电费等琐碎的费用）不断追问下去，直到把疑问弄清楚为止。

时间计算：时间是决定核算效益的重要因素

内容摘要

1. 时间是阿米巴经营的重要经营指标，员工必须计算阿米巴的总时间。

2. 计算时间是落实单位时间核算制度的关键环节。

阿米巴经营采取单位时间核算制度，时间是其重要经营指标之一。各个阿米巴的收益是由单位时间附加价值决定的，要想算出单位时间附加价值，就必须先算清各个阿米巴的总时间。

所谓阿米巴的总时间，是阿米巴所属员工在当月的正常工作时间、加班时间、部内公共时间、间接公共时间的总和。

1. 在经营中导入时间概念

在经营中导入时间概念，主要目的是提高现场员工的时间管理意识。因为算清了时间就能准确地掌握每个员工的工作内容，根据其能力合理安排任务量，而不是一味地逼迫员工超额完成任务。时间是构建合理劳动制度的一个关键指标。当员工提高管理意识后，生产效率和工作积极性也会有所增加，最终为提高阿米巴核算效益做出贡献。

2. 计算时间的方法

在阿米巴经营中，对正式员工、合同工、钟点工和派遣员工计算劳动时间时要注意有所区别。正式员工与合同工均需计算劳动时间。流动性较大的外派员工、钟点工更适合使用"业务委托费"或"杂费"来计算费用，而不适合用阿米巴的"时间"概念。不过，如果是产生附加价值的主体，无论什么类型的员工都按劳动时间计算。

为了便于核算管理，我们必须把劳动时间和销售额收入等实绩产生的时间段对应起来。各级阿米巴领导人要重点关注以下时间：

- 正常工作时间
- 加班时间
- 迟到、早退时间
- 带薪休假时间
- 缺勤时间
- 休息日加班时间
- 调休出勤时间

此外，管理者要制定好以下时间的计算规则：

- 管理岗位的时间管理方法
- 时间转移的规则
- 计算时间的单位
- 间接部门的时间分摊方法
- 计入实绩的对象时段

3. 转移时间和分摊时间

由于公司内部交易制的缘故，阿米巴成员会经常支援其他阿米巴的工作。由此花费的时间也要转移，这就是阿米巴经营中的"时间转移"。经营者要明确转移时间计入之前的业务流程，并制作时间转移凭证。派出支援人员的阿米巴要从自己的总时间里减去支援时间，并将支援时间加到被支援的阿米巴的总时间之内。

阿米巴专家有话说

虽说要减少总时间，但这并不意味着要削减就业规则所确定的正常工作时间。员工即使不上班，规定时间内（8小时）还得受到约束。订单减少，即使一天只有5小时的工作量，剩下的3小时仍然要计入。

——阿米巴运营创始人、日本经营之圣　**稻盛和夫**

延伸阅读：阿米巴部门结算表基本模板

以下是阿米巴经营专家森田直行为日本荻野工业设计的阿米巴部门结算表模板，分为销售系统和制造系统两个版本。

销售系统（销售本部、管理部、总务部）结算表项目

序号	项目	说明
1	订单总额	当月的订单额
2	销售额	当月的销售收入
3	总收益	部门的收入（销售额×手续费比率）
4	扣除总额	部门运转所需要的经费合计
5	差旅费	国内外差旅费，出租车费用等交通费
6	通信费	电话费、传真费、材料邮寄费
7	运费	向顾客发送货物的费用
8	广告宣传费	公司介绍，日历制作费，招聘广告
9	接待招待费	与客户企业的交际费、餐饮费、节日礼品费
10	水电费	电费、水费、煤气费

序号	项目	说明
11	办公用品消耗费	办公用品费、发票费、信封费、名片费，不足10万日元的消耗品
12	各种税费	印花税、汽车税、汽油税、事业税
13	租赁费	土地（停车场），员工宿舍
14	租用费	复印机、传真机等
15	折旧费	10万日元以上的设备、工具、物品、车辆、建筑物、附属设施等
16	福利费	公司聚会补贴费，茶水费
17	杂费	支付给小时工的工资等
18	其他杂费	上述以外的经费
19	手续费	汇款手续费
20	保险费	汽车保险
21	团体会费	参加业界团体会费
22	CR费	因客户突然要求降低成本而产生的对应费用（此为阿米巴运行开始10年后的追加项目）
23	营业外收益	主营业务之外的收益
24	营业外支出	主营业务之外的支出
25	其他费用	不能归入任何部门的公司全体的费用
26	内部技术费用	支付给生产技术部门的版税（此为阿米巴运行开始10年后的追加项目）
27	部门内负担	部门内的间接部门费用
28	部门间负担	质量部门发生的费用
29	总公司费用	总公司管理部门、总务部门的分摊费用
30	差额收益	部门运转创造的附加价值（总收益-扣除总额）
31	差额比率	差额收益占总收益的比率（差额收益÷总收益）
32	总劳动时间	部门每个人劳动时间的合计（33~41的总和）

序号	项目	说明
33	法定时间	本部门人员法定的劳动时间合计
34	部门合作劳动时间	部门之间合作的劳动时间
35	加班时间	本部门人员的加班时间合计
36	等同加班	本部门人员的等同加班时间
37	合作加班时间	部门之间合作的加班时间
38	劳动时间合计	部门的劳动时间总和（33~37的总和）
39	部门内负担	部门内间接部门的劳动时间
40	部门间负担	质量部门发生的劳动时间
41	总公司时间	总公司管理部门、总务部门的分摊劳动时间
42	单位时间附加价值	部门一小时的附加价值（销售额÷总劳动时间）
43	单位时间销售额	部门一小时的销售额（销售额÷总劳动时间）
44	按比例分配人员	按照月初在籍人员的系数计算

制造系统（制造本部、质量保障部、商品研发部）结算表项目

序号	项目	说明
1	总发货	部门的发货总金额
2	向客户发货总额	根据客户的订单进行生产并发货的金额合计
3	内部卖出	向公司内部其他部门的发货金额
4	内部买入	向公司内部其他部门的购入金额
5	总生产额	当月的部门收入
6	扣除总额	部门运转所需的经费合计
7	主要材料费用	生产所需主要材料的费用（铸件、压铸、轴承等）
8	辅料费用	生产所需辅料的费用（润滑油、切削油、手套、工作服等）
9	外包加工费1	外包给外面其他企业的加工费用

序号	项目	说明
10	外包加工费2	支付给派遣公司的费用
11	内部工具消耗	切削刀片等消耗品工具
12	内部消耗工具费用	与技术部工机课之间的内部交易当中的非固定资产工具的修理费
13	修理维护费	固定资产的修理点检和维护所需费用
14	电费	电费
15	水费、煤气费	水费、煤气费
16	运费、捆包费	公司内部搬运费用、捆包费用
17	差旅费	国内、海外出差费用、交通费
18	接待招待费	与客户企业的交际费、餐饮费、节日礼品费
19	通信费	电话费、传真费、材料邮寄费
20	办公用品消耗	办公用品费、发票费、信封费、名片费，不足10万日元的消耗品
21	实验研究费	与实验研究相关的费用
22	各种税费	印花税、汽车税、汽油税、事业税
23	租赁费	土地（停车场），员工宿舍
24	租用费	复印机、传真机等
25	折旧费	10万日元以上的设备、工具、物品、车辆、建筑物、附属设施等
26	福利费	公司聚会补贴费、茶水费
27	杂费	支付给小时工的工资等
28	其他杂费	上述费用以外的经费
29	内部技术费用	支付给生产技术部门的版税
30	销售手续费	支付给销售部门的手续费（向客户发货总额×手续费比率）
31	部门内负担	部门内的间接部门的费用

序号	项目	说明
32	部门间负担	质量部门发生的费用
33	总公司费用	总公司管理部门、总务部门的分摊费用
34	差额收益	部门运转创造的附加价值（总生产额－扣除总额）
35	差额比率	差额收益占总收益的比率（差额收益÷总生产额）
36	总劳动时间	部门每个人劳动时间的合计（37~45的总和）
37	法定时间	本部门人员的法定劳动时间合计
38	部门合作劳动时间	部门之间合作的劳动时间
39	加班时间	本部门人员的加班时间合计
40	等同加班	本部门人员的等同加班时间
41	合作加班时间	部门之间合作的加班时间
42	劳动时间合计	部门的劳动时间总和（37~41的总和）
43	部门内负担	部门内间接部门的劳动时间
44	部门间负担	质量部门发生的劳动时间
45	总公司时间	总公司管理部门、总务部门的分摊劳动时间
46	单位时间附加价值	部门一小时的附加价值（差额收益÷总劳动时间）
47	单位时间销售额	部门一小时的销售额（向客户发货总额÷总劳动时间）
48	按比例分配人员	按照月初在籍人员的系数计算

第六章

企业家分身乏术？所有阿米巴长
都是共同经营者

●

　　把经营权下放给阿米巴领导者，是阿米巴运营
的关键环节。不少企业领导人舍不得下放权力，不
信任基层干部和一线员工，总是让一小部分亲信兼任
多个阿米巴组织的负责人。这样一来，组织细分也就
多此一举了。不下放经营权，阿米巴就无法形成独
立作战能力。但是，把经营权交给不称职的人，会
让小阿米巴陷入混乱局面。如何找出合适的人选来
担任各个小阿米巴的领导人，是企业管理的难题。
本章重点讲述阿米巴长的选拔、聘用和培养问题，
以及怎样以阿米巴长为中心来组建阿米巴团队。

阿米巴长：细分组织的领导人

内
容
摘
要

1. 阿米巴长在阿米巴经营中扮演的是什么角色？

2. 阿米巴长的五项关键素质是什么？

按照稻盛和夫的理念，公司应该把经营权下放给现场员工，把他们锻炼成经营独立核算单位的管理人才。在阿米巴经营中，这种管理人才被称为阿米巴长，是每一个细分的阿米巴组织的领导人。

1. 共同经营者：阿米巴长的角色定位

稻盛和夫说过："随着京瓷的快速发展、规模扩大，我从心底里渴望出现能与我同甘共苦，并与我分担经营责任的共同经营者。为此，我在公司内部挑选阿米巴长，把阿米巴的经营委托给阿米巴长。用这种办法培养出许多具备经营者意识的领导人，也就是共同经营者。"

由此可见，阿米巴长对于企业家而言是分担经营责任的共同经营者，代替老板来主持各个阿米巴的运营管理工作。稻盛和夫在推行阿米巴长制度时，颠覆了日本企业按年功序列选拔管理人才的传统，推行唯才是举的实力主义原则。只要是可塑之才，哪怕进公司再晚，也有可能被破格提拔为阿米巴长，成为无数共同经营者之一。

2. 阿米巴长的五项关键素质

阿米巴长管理的是一个独立核算的利润中心，具有较大的经营自主权。如果使用权力不当，可能会让这个阿米巴毁于一旦。想要成为合格的阿米巴长，有五项关键素质是不可或缺的。具体如下：

（1）具备强烈的使命感

使命感是阿米巴长最基本的关键素质，它能驱使你克服困难、踊跃攀登，开创一个又一个辉煌。所有的阿米巴长都应该以强烈的使命感投身事业当中。这里的使命感不是狭隘的私人愿望，而是更加崇高且带有社会责任感的团队愿望。换言之，阿米巴长不能把公司简单等同于自己获取名利的跳板，而要把保证员工们现在和将来的生活视为自己的使命。员工只愿意追随拥有强烈使命感的领导人，也只有胸怀使命感的阿米巴长才能带出一批富有使命感的阿米巴团队。上下同欲，无往不利。

（2）能明确地描述并实现目标

阿米巴长要找出一个全体成员都能接受的最高的具体数字作为奋斗目标，然后再把这个目标层层分解为每个岗位、每个人负责的具体目标。团队要设置年度目标、月度目标，同时还要让每个人都能看清自己每一天的目标完成进度。假如目标过高，员工就会丧失斗志；假如目标过低，员工又会认为自己的能力被大大低估了。

阿米巴长不但要找出那个最合理的目标，还要耐心而细致地给大家指明实现目标的具体方法。在此基础上，阿米巴团队要树立不达目标誓不休的精神。如果一位管理者不能辨别出目标的合理性，只是随便定一个数字就丢给下面的人来做，他就不配担任阿米巴长。

（3）不断挑战新事物

从源头上说，以克服大企业病为宗旨的阿米巴经营是一种鼓励创新的管理方法。阿米巴经营以最大限度地激发全体员工的活力和创造力为出发点，跟阻碍创新的官僚主义、形式主义、教条主义、本位主义格格不入。因此，害怕变革、食古不化是阿米巴长的耻辱。

阿米巴长在组织发展过程中一定要发扬创新精神，对挑战新事物充满勇气，同时对因循守旧的风气保持高度警惕。我们不能只以现有能力来衡量该不该做新的尝试。阿米巴经营着眼未来，只要是有价值的创新活动，就应该盯紧目标，持续发力，不断提高综合能力，把硬骨头啃下来。

稻盛和夫倡导"乐观构想，悲观计划，乐观实行"的工作程序。阿米巴长的创新活动应该遵循这个流程，在大胆尝试新事物的同时减少不必要的失误和浪费。

（4）取得集团中所有人的尊敬与信任

阿米巴长要有公正之心，明辨是非，赏罚必信，不能以私害公。在工作中敢于一马当先，面对困难不退缩，面对风险要勇敢，敢于做出决断，做好团队的定海神针，而不是把责任推给其他人。阿米巴长不可居功自傲，藐视他人。虚怀若谷的人可以看到更加广阔的世界，善于总结和反省的人每天都能取得进步。

此外，阿米巴长还应该保持乐观精神，在逆境中不忘鼓舞众人，在顺境中与部下同乐。当阿米巴领导人达到上述要求后，将会赢得集团中所有人的尊敬和信任。

（5）具备利他之心

利他之心是稻盛和夫反复强调的阿米巴领导者素质。阿米巴长不能沦为让部下战战兢兢的利己的独裁者，那样必定会让员工对你心怀不满，做事时阳奉阴违，甚至公然抵触你，最终导致团队关系恶化，组织土崩瓦解。

只有怀着利他之心，真诚地为公司着想，为员工着想，公司才会器重你，员工才会拥戴你。阿米巴经营要求全体员工都以利他之心行事。阿米巴长作为组织团队的领导者，必须怀有比其他成员更多的利他之心，充分理解每个人的想法，给予他们最大的尊重与爱护，这样才能把大家的力量凝聚起来，共同完成了不起的事业。

经营者所需要的是能与自己同心同德、同甘共苦的"伙伴"——分担经营责任的"共同经营者"。要以这样的心态把员工迎入公司，特别是小企业，没有可以依靠的人，只能把仅有的员工当作伙伴，让他们与自己想法一致，努力工作，支撑事业的发展。因此，不管员工是一名也好，两名也好，从录用的那一刻起，就要把他当作共同经营的伙伴迎入公司，并对他说："我就依靠你了！"而且平时就要用这种诚恳的态度对待他们。

——阿米巴运营创始人、日本经营之圣　稻盛和夫

阿米巴长必须履行的职责

内
容
摘
要
● 1. 阿米巴长的十大职责是什么？

2. 阿米巴长应当成为部下的指路人。

3. 阿米巴长是企业创新的主要推动者。

阿米巴长不是一般意义上的中层管理者。他们管理的团队小巧精干，成员往往不多。但这个小型组织是集团旗下的一个独立的利润中心，是集团在某个领域或某个区域市场的代表。阿米巴长的一举一动，不只是代表自己的小团队，更是代表整个集团在相关领域的形象。那些不清楚自身职责、只是按普通管理者的标准来要求自己的阿米巴长，是无法胜任阿米巴经营的。他们需要修炼五项关键素质，履行十大职责。我们先来看看阿米巴长应该履行哪些职责。

1. 给部下指明事业的意义

最早应用阿米巴经营的京瓷集团对事业意义的定位是："在追求全体员工物质和精神两方面幸福的同时，为人类社会的进步发展做出贡献。"

整个京瓷集团都以此为开展经营活动的指导思想，每个细分的阿米巴都是如此。只有充分理解事业的意义，大家才能带着自豪感和使命感去努力工作。为此，阿米巴长应该给部下指明事业的意义，让自己的组员不再浑浑噩噩地过日子，自觉地为事业繁荣而奋斗。对于团队的新成员尤其应该如此。

2. 制订目标计划

"千里之行，始于足下。"无论多么伟大的事业，都要一步一步踏踏实实地走。阿米巴长作为团队的最高领导，要学会科学合理地制订目标计划。

阿米巴经营提倡管理者与一线员工共同参与经营。阿米巴长在制定目标计划时，不可独断专行，必须充分听取一线员工的意见。发挥领导核心作用，集中大家的智慧，平等地沟通交流，让部下意识到"这是我们共同制订的目标计划"。这样的目标计划是大家都认可的，有利于贯彻执行。

3. 激励组织成员的士气

阿米巴长自己要怀着强烈而持久的愿望来打拼事业。没有干劲的人能力再强也不适合做阿米巴长。因为这个职位需要经常激励员工的士气。自己连建功立业的迫切愿望都没有，又怎么可能激励员工的士气呢？

员工得不到有效的激励，久而久之，就会变得提不起精神干活。为此，阿米巴长要利用一切机会向部下传达自己的愿望，把他们的士气提到同样强烈而持久的水平。

4. 带头努力工作

稻盛和夫要求领导者必须"付出不亚于任何人的努力"。注意！不是一般程度的努力，而是"不亚于任何人的努力"。阿米巴长不能只是坐享其成，而要发挥先锋模范作用，让大家看到自己在不断奋斗，让大家相信努力工作能创造美好的未来。否则的话，我们追求的"全员参与经营"就只是一个空想，所有人还是会像原来那样得过且过，松松垮垮地敷衍工作。

5. 顶住压力完成任务

市场多有不测的风险。原有的目标计划可能需要进行修正，但只要误差没有动摇根本，阿米巴长就不能轻易改变或撤销目标。阿米巴经营是一种兼具灵活性和计划性的经营管理方法。只讲灵活性而不讲计划性，任何发展规划都无法执行，任何目标都完不成。这就要求阿米巴长拥有钢铁般的意志，在压力面前像泰山一样岿然不动，无论如何都要坚决完成任务。

6. 以人格魅力感召众人

阿米巴长应该具有高尚的人格。稻盛和夫认为高尚的人格就是"不可骗人""不能撒谎""不可贪婪""必须止直"等单纯的做人道理。只要坚持做到这几点，就能提升自己的人格，产生足以感召众人的人格魅力。阿米巴经营要求领导者不以权力压人，而要以道理和品行服人。一名富有人格魅力的阿米巴长，自然能吸引部下与之风雨同舟、共创佳绩。

7. 带领大家克服各种困难

阿米巴长要坚韧不拔，无论遇到什么样的困难都不放弃。"绝不认输"是每一位阿米巴长都应该遵守的信条。如果领导者自己都有畏难情绪，就不能苛求其他人不惧困难。当其他人灰心丧气时，阿米巴长要挺身而出、力挽狂澜，带领大家努力克服各种困难。

这种熊熊燃烧的斗志，会引导阿米巴走向成功，进而推动公司的整体进步。记住，任何公司都是靠身经百战屹立于市场之上的。阿米巴长应当成为辅佐公司走向胜利的卓越战士。

8. 真诚地体恤部下

阿米巴经营既有严明的纪律，也有人性化的管理。每一位员工都是公司的主人翁，尽管级别、分工和能力不同，但人格上都是平等的。阿米巴长不可盛气凌人，把部下当成机器使唤。一定要体恤部下的辛苦，关心他们的生活，为他们排忧解难。需要注意的是，阿米巴长在体恤部下的同时，也不能忘了促进他们成长。在工作中必须严格要求，不能无原则地宽厚。

9. 调动部下的积极性

当部下陷入困惑时，阿米巴长应该倾听他们的烦恼，做一个善解人意的良师益友。当部下信心不足时，阿米巴长应该为他们加油鼓劲，告诉他们怎样才能更好地实现自己的构想。一名出色的阿米巴长必定是善于辨别千里马的伯乐，能发现每一位员工的优点和潜力，引导他们全面成长。不仅自己出类拔萃，还能把部下培养成同样出类拔萃的人，这是阿米巴长的天职。

10. 推动事业创新

创新能力在当今社会是非常宝贵的能力。面对这个时时变化的市场，唯有积极求变才能拓宽出路。公司的创新不只是一两个领导人的事，必须积极发动员工，凝聚更多人的智慧来推陈出新。阿米巴长在事业创新活动中应该起到带头作用，成为创新项目的领头人，成为技术攻关的突击队长。各个阿米巴长前赴后继地投入创新活动中，阿米巴经营的效果才能发挥到极致。

追根溯源，阿米巴长的十大职责来自于阿米巴经营哲学的"敬天爱人"思想。所有的阿米巴长以及希望成为阿米巴长的员工，都应该认真领会这十大职责的精神。上能推动公司的发展进步，下能得到员工的真诚拥戴，阿米巴长就该朝这个方向努力。

阿米巴专家有话说·

要努力发掘可能成为阿米巴长的人才。即使他现阶段还缺乏足够的经验和能力。让这样的人才担任阿米巴长，这一条很重要。但在这种场合，不能把经营责任往这位新的阿米巴长身上一推了事，而是要有人对他进行指导和监督，指出他的不足，有意识地培养他。

——阿米巴运营创始人、日本经营之圣　**稻盛和夫**

选拔阿米巴长要注意的六个问题

内容摘要

1. 选拔阿米巴长会加剧公司内部竞争，若是处理不当，可能会伤害阿米巴经营的团队合作精神。

2. 不正当竞争违背了阿米巴经营的用人思想，必须坚决禁止这种行为。

3. 想要做好阿米巴经营，不能光看入选阿米巴长的人才，还要妥善安置落选的员工。

稻盛和夫对工作要求尽善尽美、不出差错，却在培养人才方面宽容失败。他曾经对京瓷的高层管理者们说："在阿米巴长人选不足时，合理地划分组织，选拔和培养有潜力的人才充当阿米巴长也是必需的。即使个别阿米巴长做得不好，也不会动摇企业的根基。所以，即使他们经验不足，即使对他们不太放心，也要大胆起用，让他们在实践中积累经营者的意识和经验。这一条非常重要。"

大胆起用具有经营者潜力的人才做阿米巴长，是做好阿米巴经营的一个重要条件。然而，宽容失败不等于降低要求，更不代表公司可以草率地任命阿米巴长。我们在选拔阿米巴长时需要注意六个细节，以免人才管理机制产生弊端。

1. 注意结合公司的实际情况

每个公司都有自己的实际情况，在导入阿米巴经营模式之前要做好摸底调查。

有的公司本身人力资源储备不足，管理层几乎都是任人唯亲的产物，基层员工的流动性过大，单纯模仿京瓷集团从内部选拔阿米巴长的做法，根本不会改变原有的组织框架。

有的公司只是在赶时髦，不断照搬各个成功企业的现成制度。然而这些公司的业务类型和资源条件跟那些成功案例毫不搭界，阿米巴组织划分不合理，导致阿米巴长难以发挥作用。

推行阿米巴经营需要一定的基础，不是随便任命一个阿米巴长就能马上成功的。公司应该在做好摸底调查的同时聘请专业的阿米巴经营管理咨询公司来指导改革。

2. 避免团队因竞聘而产生裂痕

选拔阿米巴长和选拔其他高层管理人员一样，都存在激烈的竞争。适度竞争能促使每个竞聘者付出比平时更多的努力，有助于激发整个组织的活力。但这是一种比较理想的状态，更多时候，公司内部竞争会让各个部门团队产生矛盾。

尤其是在竞聘重要岗位时，竞聘者视彼此为对手，一旦分出胜负后，胜利的一方可能看不起失败的一方，而失败的一方可能从此嫉恨胜利的一方。阿米巴经营原本是追求内部密切合作的管理模式。如果在选聘阿米巴长的时候出现这样的矛盾，团队就会产生裂痕，背离阿米巴经营的初衷。

3. 人才选拔方式要科学合理

众所周知，实力主义是选拔阿米巴长的指导思想。但如何落实这个指导思想，还存在很多技术问题。

选拔阿米巴长应该采用什么样的标准，选拔流程该如何设计，由谁来主持阿米巴长的选拔工作，把哪些人作为考察对象，要不要从外部引进人才，选出来的阿米巴长和原先的部门管理者的关系该如何处理，这些问题都是企业领导人应该认真考虑的。

没有科学的选拔标准和选拔流程，员工就会对选拔结果的公平性与合理性心存疑虑。如此一来，他们根本不会服从阿米巴长的指挥，整个部门团队也运营不起来。

4. 杜绝不正当竞争

不正当竞争是选拔阿米巴长的大忌。阿米巴经营打破了条条框框，不拘一格用人才，让组织获得最佳的人才资源配置。毫不夸张地说，公平性是阿米巴经营的灵魂，不公平则无以服众。暗箱操作、贿选等不正当竞争手段违背了诚信原则和实力主义原则。

以不正当竞争手段上位的阿米巴长，即使本身具有不错的业务能力，也已经背离了"不可骗人""不可贪婪""必须正直"等阿米巴领导者必须具备的素质。这样的阿米巴经营只是一个虚有其表的空壳子，并不会产生真正的效果。

5. 确保最后聘用者符合岗位需求

导入阿米巴经营不是一蹴而就的事情。公司需要在实践中摸索，不断调整。由于选材范围不够广、选拔标准不科学、选拔流程太粗略、招聘负责人经验不足、配套措施不完善等原因，公司选中的阿米巴长最终未必真的符合岗位要求。

阿米巴经营把管理权下放到基层，对阿米巴长的能力要求远高于普通的中下层管理人员。如果阿米巴长不能胜任，细分后的阿米巴团队根本无法存活，很快就会陷入困境。

6. 完善人才退出机制

选上阿米巴长的人固然很优秀，但落选的未必不是没有实力的选手。假如公司冷落那些竞聘失败的员工，就会让他们感到寒心，丧失工作热情。这不仅造成了人才资源浪费，还不利于安定军心。

为此，公司应该完善人才退出机制，在选拔出合格的阿米巴长的同时，妥善安置那些落选者，把他们安排到与其能力特点相匹配的岗位上。这样才能让新晋的阿米巴长们与其他员工保持融洽的关系，维护公司内部的稳定与团结。

阿米巴专家有话说

前辈员工们，你们没有必要一味地愤愤不平。你们不妨冷静地想一想，如果换上你自己去当董事，是不是真会对公司有利。那时候你们就会意识到，还是让那家伙当董事才能给公司做出更大的贡献。让年轻有为的人才充当公司的领导，才能给全体员工带来幸福。所以不要对提拔年轻人抱嫉妒怨恨的态度，而是要由衷地表示高兴和欢迎才对啊！

——阿米巴运营创始人、日本经营之圣　**稻盛和夫**

组建"现在就能战斗"的团队

内容摘要

1. 阿米巴组织要经常灵活调整，确保对市场的快速反应能力。

2. 选择阿米巴长很关键，团队的规模要根据领导者的实力来调整。

3. 用共同的经营理念来统合自由度很高的阿米巴组织。

公司的人才和设备都是有限的，一旦投入了某些项目，就很难同时开展另一些项目。假如组织缺乏弹性，难以调头转身，公司一旦误判形势，就会遭受严重的损失。把组织细分成小阿米巴，建立与市场直接挂钩的分部门的核算制度，本质上是为了提高对市场动向的随机应变能力。打造能迅速应对市场变化的阿米巴团队，是高层阿米巴领导人的重要使命。有三个问题需要我们高度重视。

1. 团队必须做到"现在就能战斗"

曾经有部门领导人向稻盛和夫提出打算在明年变更自己的阿米巴组织。结果稻盛和夫质问为什么要拖到明年，并指示下个月就该立即实施。这就是阿米巴经营的一个特长——有好点子就要马上执行，觉得不妥就要立即改正。稻盛和夫呼吁管理者建设"现在就能战斗"的体制。因为市场变化素来急剧莫测，组织团队经常需要根据市场动向来改变。否则的话，公司很容易被市场淘汰。

一般来说，企业会在半年或一年内改编一次组织。但这个调整速度已经跟不上形势了。阿米巴经营要求公司按照市场规模的缩小或扩大来迅速改编现有组织形态。管理部门以全公司统一的规则来灵活改编团队。各个阿米巴或者重新分割，或者统合为一，都是很平常的事情。

不过，我们要注意一点，无论怎样改编组织形态，都是为了打造"现在就能战斗"的团队。改编后的团队依然是一个独立经营的单位。

为此，公司管理部门每个月都会更新写有全体员工姓名和职务的组织结构图，将其发给所有的阿米巴长。阿米巴长根据组织图和分部门的核算表来掌握所有人的动态，做好现场阿米巴单位的变更工作，甚至配合公司对大事业部进行合并或分割的改编行动。

2. 根据阿米巴长的实力调整团队

在改编组织、打造团队的时候，选择合适的阿米巴长是一个令人头痛的难题。很多公司面临的情况是，只有少数能力全面且品行可靠的人适合做组织领导者，细分后的组织没有人挑大梁。有些公司的处理办法是让优秀者同时兼任多个阿米巴的领导人，可这样一来，细分的组织就失去了独立性，跟没细分之前区别不大。但随意任命阿米巴长的话，只会让公司管理乱上加乱。

当我们遇到这种情况时，可以先把阿米巴团队划分得小一些，再挑选一批能力和经验都有待提高但干劲十足的人充当各个小阿米巴的领导人。接下来，不断考察和培训这些阿米巴长。那些表现出色的人，可以将其提拔为大型团队的阿米巴长。那些不能胜任的阿米巴长，可以缩小其团队规模，或者把这个阿米巴与其他阿米巴合并。总之，我们在建设团队时一定要考虑阿米巴长的实力，避免陷入"小马拉大车"或大材小用的误区。

3. 组织自由度越高，越要树立共同的经营理念

阿米巴经营以小集体独立核算为基础，各个团队是自主经营的。阿米巴团队是具有很高自由度的组织，并不是被动执行公司高层行政指令的传统部门机构。不能发挥主观能动性的阿米巴团队不配叫阿米巴。

也正因为如此，阿米巴团队一旦被心术不正的领导人掌控，就会像脱缰的野马一样给公司造成较大的伤害。而阿米巴经营采取的公司内部交易制度，给那些目光短浅、心胸狭隘的阿米巴长留下了损人利己的空间。

为此，公司必须确保阿米巴长遵守共同的经营理念，按照规章制度和"利他经济学"办事。不能只考虑本团队的利益，还要注意协调其他阿米巴之间的利益，从而保持公司整体利益的平衡。当每一位阿米巴长以同样的经营理念行动时，就形成了一个共同奋斗的命运共同体。各阿米巴团队努力追求各自的利益，同时促进公司的整体增长。

阿米巴运营冷知识 ·

京瓷的某个事业部的生产部门曾因订单的波动而导致产值出现很大的起伏。由于未能随机应变，没有削减相应的费用和时间，结果陷入了亏损。事业部部长意识到该生产部门的核算单位划分得不够细致，于是进一步将其细分，明确了核算内容的细目和需要改善的地方。事业部全体成员群策群力，逐个克服了存在的问题。经过一番努力，该生产部门的利润率大大超过了其他事业部门。

延伸阅读：关于阿米巴长的趣闻逸事

阿米巴经营已经在全世界推广了多年，无数优秀的阿米巴长脱颖而出。以下三个故事对阿米巴经营哲学做出了生动的注解。

故事一：稻盛和夫激励中村升部长

中村升是原京瓷集团精密陶瓷实业本部部长。他在进入京瓷后三个月因表现突出而被任命为阿米巴长，公司要求他所在的阿米巴一个月要达到300万日元的产值。中村升新官上任，只有两名部下，整个阿米巴部门非常不完善，困难很多。他对自己能否完成这个目标持怀疑态度。

稻盛和夫对中村升说："我们公司旁边的街道上有一个蔬菜铺子。据我所知，那个蔬菜铺子一个月能够卖出50万日元，而你的阿米巴部门是300万日元。那么，你一定要比蔬菜铺子里的那位鬓角斑白的大叔更加努力啊！"

中村升恍然大悟，让两名部下也完全参与到经营中，践行阿米巴经营哲学。由于表现优异，中村升从一名普通的阿米巴长逐步晋升为京瓷集团精密陶瓷实业本部部长。

故事二：俊彦六郎被自己的部下取代了

京瓷集团的阿米巴长工作很辛苦，但只要有实力和潜力，谁都能成为阿米巴长。奉行实力主义的京瓷集团不像大多数日本企业那样喜欢论资排辈，有时候甚至会出现部下取代老上级的情况。比如，某家小企业的部门经理俊彦六郎跳槽到京瓷后不久就因能力突出而被任命为小阿米巴长。谁知他只高兴了四个月，就被自己的部下青木取代。

青木是在俊彦六郎升任阿米巴长后的第一周进入京瓷的。他年仅二十出头，学历也不高。起初，俊彦六郎还担心这个看起来没什么特别之处的小伙子会拖自己的阿米巴后腿。不料，青木非常刻苦，勤于思考，经常能发现运营过程中出现的问题。没多久，青木就成为同伴眼中的可靠之人，高层阿米巴领导人也注意到了这个表现优异的年轻人。

四个月后，青木的实绩和声望已经超过了俊彦六郎。俊彦六郎是个有自知之明的人，把阿米巴长的职位移交给了青木。

但俊彦六郎没有气馁，而是像青木一样加倍努力工作，不断提升自己的综合素质。一年后，集团分裂出了三个小阿米巴，他再次被提拔为阿米巴长。十多年后，他经营的阿米巴已经分裂出二十多个新的阿米巴。俊彦六郎也成为京瓷集团的中层管理者。

故事三：荻野社长破格提拔新人K女士

日本荻野工业从京瓷的管理咨询师那里引入阿米巴经营后，用人方针变得非常不拘一格。荻野社长力排众议，把刚进公司一年，只有高中学历的K女士提拔为公司最年轻的阿米巴长。连阿米巴经营专家森田直行都吃了一惊。但荻野社长坚信K女士是一块擅长经营的好材料。

K女士还不到30岁，她的阿米巴团队成员大多是其父母辈的老员工。虽然毫无管理经验，但K女士在自己的记账本上详细记录每笔经费开支的时间，员工的各种劳动时间。通过细致的时间管理，K女士完全掌握了自己阿米巴的运营规律，并身先士卒地带动大家齐心合力地工作。

两个月后，阿米巴的单位时间附加价值开始增加，K女士带领团队一步一个脚印地走向成功。事实证明荻野社长没有看错人。

作为独立核算、独立经营的单位，阿米巴部门是公司在某项业务上的形象代表。阿米巴长的使命就是把自己的阿米巴部门发展壮大。稻盛和夫常说："10个员工里肯定有一个就是经营者。"企业领导人应该当好伯乐，随时发现人才，大胆重用人才，把阿米巴经营发挥到极致。

第七章

阿米巴团队暮气沉沉？可能是
目标管理操作不到位

●

理论上，阿米巴经营能让企业避免在规模扩大后变得臃肿，保持组织对市场的快速反应能力。但有些公司在实践过程中并未取得预期的效果。经过细分后的阿米巴团队缺乏活力，员工的工作热情不高，管理松松垮垮，计划一再推迟。阿米巴经营固然有灵活多变的一面，但同时也有严谨的一面。由于经营权下放到基层组织，公司高层不会再像过去那样事无巨细地插手各团队的运营。这对各阿米巴的自我管理能力提出了更高的要求。我们接下来要讲的就是阿米巴长怎样做好团队管理，确保员工能以严谨的工作方法来完成阿米巴的目标规划。

调动每个员工的积极性

内容摘要

1. 经营者要把员工当成经营伙伴迎入公司。

2. 让所有的员工都知道自己的工作有什么意义。

3. 经营者要提高自己的心性，与员工产生共鸣。

在企业内部划分阿米巴，把经营权下放到基层，就是为了激发每个员工的活力。那种死气沉沉的工作氛围，绝不是阿米巴应该出现的景象。作为高层管理者，调动每个阿米巴长的积极性是每天都要做的事情。而阿米巴长也要对自己部下的积极性负责，让他们保持足够的工作热情，及时调整负面情绪，以饱满的状态投入事业当中。我们可以从以下七个方面着手，调动员工的积极性。

1. 把员工视为经营伙伴

一般的企业经营者只把员工当成上班的机器，不是很在乎他们的喜怒哀乐，更没有将其视为事业的伙伴。这在阿米巴经营中是一个大忌。

当年稻盛和夫刚刚创业时，京瓷只是个生存困难的小公司，什么资源都没有，难以留住人才。他在面对劳资纠纷时猛然醒悟，树立了把员工当成"共同经营者"的理念，后来又在此基础上创立了阿米巴经营。毫不夸张地说，没有这个思想转变，稻盛和夫也不会功成名就。

经营者把员工当成上班的机器，员工就只会像机器一样按部就班地干活。只有真诚地把员工视为共同经营的伙伴，员工才愿意跟经营者开诚布公、同舟共济。如果缺少了这个前提，无论我们把阿米巴经营哲学说得多么天花乱坠，员工都不会听进去，更不会付诸实践。

2. 构筑心心相连的人际关系

你信任的员工，说不定哪天就突然提交辞呈。你看好的可塑之才，也许内心对公司十分嫌弃，只是没找到跳槽的机会而已。这样的现象屡见不鲜，也导致企业经营者对员工缺乏信任，不愿投入太多感情。

与此同时，员工感受到了经营者的不信任，在感情上也跟组织有隔阂，不想工作得太卖力。这又加剧了他们随时准备跳槽的短期行为。

留人要留心，不留心则留不住人。作为经营者，要学会构筑心心相连的人际关系。不要害怕曲终人散，有些人注定不会为你停留，但更多人会喜欢上这样的人际关系，诚心拥戴你，希望与你共同奋斗。毕竟，职场很残酷，谁也不希望承担太多人际风险。经营者提供比竞争对手更好的团队人际关系，吸引力比金钱还大。

3. 向所有员工阐述工作的意义

稻盛和夫曾经告诉他的员工，现在的工作看似单调枯燥，实际上有着非同一般的学术价值，因为无论是东京大学、京都大学的教授，还是研究无机化学的专家，都没着手这种氧化物烧结的实用性研究。换言之，京瓷的员工当时在做一项填补空白的工作。于是员工们变得干劲十足。

光从情感上调动员工的积极性是远远不够的。经营者还要学会从理性的角度来调动员工的积极性。具体而言就是向所有的员工阐述工作的意义，让每个人都意识到自己正在做什么样的事业，对社会有什么样的贡献。可以使用对比的方法，讲清楚公司在业内有什么与众不同之处，在国内有多少人做同样的工作。

4. 向员工描绘共同的愿景

阿米巴经营是以共同的愿景为驱动力的。每个阿米巴自主决定经营策略，可以"八仙过海各显神通"，但最终都服务于统一的公司的愿景。缺少共同愿景的企业，是用不好阿米巴经营模式的。经营者不能只是简单分配工作任务目标，还要向员工描绘公司的共同愿景和战略目标。共同愿景代表着公司"理想的样子"，把公司从现在的模样发展成"理想的样子"是所有人的职责。

这些东西应该一字不漏地给全体员工讲清楚。当员工不了解公司的共同愿景时，就会抱着做一天和尚撞一天钟的心态，选择急功近利的短期行为。他们对工作缺乏积极性，没有长期的规划，自然也不会真正以经营者的眼光看问题。

5. 确立企业使命

企业使命体现了公司的核心价值观。例如，阿里巴巴的企业使命是"让天下没有难做的生意"，京瓷的企业使命是"在追求全体员工物质和精神两方面幸福的同时，为人类社会的进步发展做出贡献"，日本第二大电信运营商KDDI的企业使命是"为国民降低通信费"。公司的经营哲学和企业文化，都是由此衍生出来的枝叶。

应该让每一位员工都知道公司的使命是什么，应该以什么目的来经营企业。上至公司高层管理者，下至阿米巴长麾下的一线员工，都要围绕企业使命来努力。当员工心怀使命感的时候，工作积极性不可同日而语。

6. 不断向员工讲述自己的哲学

稻盛和夫要求阿米巴长跟员工分享自己的哲学，内容包括"人为什么而活，为什么而工作，我对人生是怎样思考的，我打算怎样度过自己的人生，我希望与大家一起以怎样的态度来度过人生"，等等。经营者的人生哲学是通过讲述企业使命和发展目标来引出的。三观充满正能量，员工才会心甘情愿地跟你并肩作战。

7. 经营者应该提高自己的器量

公司规模不大、业务不多时，经营者心胸器量小一点也不是什么大问题。但随着企业不断进步，经营者也必须跟着进步，否则就会制约企业的发展。谁都不希望自己碰上一个心胸狭隘的上级。若是不幸遇到这种上级，员工就不敢放手做事，不肯跟经营者分享自己的新想法，这无疑会妨碍阿米巴经营的正常运转。

拥有大器量的经营者，能把性格、能力各异的员工拧成一股绳。员工们信赖他、拥戴他，能开诚布公地沟通，能听从上级的建议和劝告。经营者不断提高自己的器量，才能拥有宰相心胸和大将风度，员工的积极性也会被更好地激发出来。而且员工会以你为榜样，也会不断提高自己的器量，逐步成长为新的经营人才。

　　为了让全体员工具备经营者的意识，以与经营者相同水准的思想投入工作，就要尽可能地公开企业的相关信息，并且毫无保留地将我的烦恼、我的困惑统统告诉他们，这点非常重要。大家了解了公司的情况，认清了公司存在的问题，同时进行了充分沟通，达成共识以后就可以培养员工的经营者意识了。

　　　　　　　　——阿米巴运营创始人、日本经营之圣　**稻盛和夫**

自上而下与自下而上相结合

内
容
摘
要

1. 自上而下与自下而上两种经营管理模式。

2. 整合自上而下与自下而上的三个团队管理原则。

在企业管理中,自上而下与自下而上是两种截然相反的经营管理模式。自上而下指的是下级的一切活动都服从上级的指示,这是最古老却又经久不衰的管理模式。因为上级的权力比下级大,掌握的资源更多,担任上级的管理者往往具有更强的领导能力。这种管理模式最大的优点是利于贯彻高层的战略意图,但容易抑制现场员工的活力,出现官僚主义习气。

自下而上指的是上级给予下级较大的自主经营权,组织决策由下级做出,上级更多是作为支持者存在。这种管理模式的最大优点是能充分发挥现场员工的主观能动性,避免官僚主义习气,缺点是容易产生多个"山头",难以实现统一战略,组织趋于一盘散沙。

阿米巴经营虽然有浓厚的自下而上色彩,但实际上一直在努力整合两种管理模式的优点。阿米巴组织能做到形散神不散,战略统一而战术自主,主要是因为坚持了以下三个团队管理原则。

1. 调动员工的积极性

阿米巴团队领导人的工作不是让员工被动地执行你的指令,而是调动员工的积极性,让他们像经营者一样主动思考更好的工作方法。

稻盛和夫认为:"调动员工积极性的关键:首先要把员工当作经营伙伴迎入公司,要让员工从内心爱戴你、迷恋你,要阐述工作的意义,要树立高目标,要确立具备大义名分的企业使命,要不断讲述哲学,经营者要提升自己的心性。所谓企业经营,首先就是彻底实行上述七条,让员工产生共鸣,激发他们的热情,提升他们的积极性。除此之外,别无他法。"

有一回,稻盛和夫希望向手机领域进军,遭到了绝大多数董事的强烈反对,只有一个董事支持他的意见。于是俩人组成了一个新的阿米巴,专门负责开拓手机通信业务。京瓷集团本身有雄厚的财力、物力、人力,而那位同样高瞻远瞩的董事在稻盛和夫的支持下挑起了新阿米巴的大梁。出乎反对者的意料,他们获得了成功。阿米巴经营通过自上而下与自下而上的结合,给予了管理者和现场员工更多大胆尝试的机会。

2. 共享价值观

自上而下与自下而上的结合本身是一件很困难的事。高高在上的决策层看得到全局但不了解生产现场的情况，而生产现场人员只熟悉自己的具体实情，对其他阿米巴的情况了解不多。只有双方深入沟通，才能获得更完整的信息，让公司做出更切合实际的决策。

假如没有大家共同认可的价值观，决策层只会抱怨基层阿米巴不能完成目标计划，而不考虑生产现场的实际情况；而基层阿米巴也会嫌决策层不接地气、纸上谈兵，不肯执行自己认为不合理的目标计划。

公司上下相互怀着成见看待对方，裂痕越来越大，阿米巴经营必将变得混乱不堪。这就需要公司通过不断分享价值观来达成共识。阿米巴经营必须有一个明确的经营哲学做大家的精神支柱，否则是无法整合自上而下与自下而上两种管理模式的。

3. 共享目标

共享目标在企业管理中是一个难题。众所周知，公司的战略目标会层层分解为各岗位具体的工作目标。但这些目标经过分解后会变得越来越抽象。员工只知道要完成某个具体的数字指标，但并不理解这个指标对实现公司整体战略有什么实际意义。纵然他们有心去贯彻上级的意图，也不知道该朝什么方向努力，找不到合适的方法。

随着公司规模的不断扩大，管理层级会有所增加，决策层离生产现场越来越远。基层员工对高层的疏离感会加深，认为自己的意见肯定不会被上级领导注意到，于是干脆放弃了思考。这无疑跟阿米巴经营的初衷背道而驰。因此，公司各级阿米巴领导人都要学会跟员工共享目标，让他们知道每个目标计划有什么意义，知道怎样做才能更好地贯彻公司的意图，努力让员工对组织产生归属感。

阿米巴专家有话说

每一个企业都有着不同的价值观，如果每个企业都不能将自己的价值观成功地分享给员工，那么这个企业的凝聚力自然是难以形成的。所以，为了让京瓷的员工体会到阿米巴经营的理念以及好处，我最先做的就是让员工们分享我的价值观，分享京瓷的价值观，最终让他们变成京瓷的主人，把京瓷当作自己的家。

——阿米巴运营创始人、日本经营之圣　**稻盛和夫**

Master Plan：统筹目标管理的总体计划

内容摘要

● 1. 什么是阿米巴经营的Master Plan？

2. 制定Master Plan时要注意哪些问题？

阿米巴经营的目标管理主要是靠两种经营计划来实现的。一种经营计划是年度计划，英文写作Master Plan。另一种经营计划是为了实现年度计划而制订的月度计划，也叫月度预定。企业管理者在制订年度计划时，要把销售收入、生产收入和获取这些收入所必需的费用和时间填入单位时间核算表中，并将其整理成12个月的目标。年度计划的制订流程同样要遵循全员参与经营的原则。

1. 制订年度计划的要点

目标管理通常是由上级给下级指派任务。但这会带来一个问题：现场的员工觉得这是上面安排的目标，只要闷着头执行即可，不用投入太多热情。

还有一种常见的情况是，上级低估了困难，高估了自己的实力，制定的目标不切实际，搞得具体执行目标的员工苦不堪言、怨声载道。

如果由下面的员工来制订年度计划，往往只能给出一个能轻松做到的保守目标，而且各部门的年度计划还会因缺少统筹规划而相互冲突。

为了解决这个矛盾，阿米巴经营采取的是自上而下与自下而上联合制订年度计划的办法。先由各个阿米巴自己负责制定销售额、费用，再以此为基础制定利润目标。而高层决策者整合这些现场员工的意见，综合考虑公司的年度整体发展目标以及达成目标所需的条件，然后再制订一个覆盖公司全局的年度计划。各个阿米巴的销售额和利润目标的总和，就是整个公司的销售额和利润目标。

按照这种方法制订出来的年度计划，往往有现场员工的一手数据作为依据，高层决策者不至于脱离实际。而现场员工也能清楚地了解自己对公司的销售额和利润目标做了百分之几的贡献。贡献大的阿米巴团队会为此感到自豪，贡献小的阿米巴团队也会发奋上进。

2. 制订年度计划的基本流程

为了制订出合理的年度计划，公司各阶层免不了要反复讨论，积极沟通。考虑到公司规模和经济情况的差异，制订年度计划通常要花费3~6个月的时间，其基本流程如下。

（1）最高领导人发布公司年度总方针

公司年度总方针包括公司的销售额、利润增长率、各项事业的发展情况、下一年的战略布局等。高层决策者要准确把握经济环境和市场动向，根据公司最近的业绩来考虑1年后的事业要发展到什么程度，以此为依据制定销售目标和利润目标。

（2）各个阿米巴反复讨论和制订各自的年度计划

各个阿米巴根据单位时间核算表来制订年度计划，并逐级上报。每个阶层的管理者都要召开研讨会，反复讨论目标，直到全员达成共识为止。各个阿米巴要以公司年度总方针为指导思想，制定各自的目标。在制定过程中应该跟现场员工们反复讨论，把经营者的期望跟员工的期望统一起来，让大家相信这个目标一定能达成。

（3）经营者跟最高领导人讨论各部门的目标

各层级的阿米巴经营者在上报年度计划后，要参与最高领导人组织的高层管理会议，参与讨论各个部门的目标设置得是否合理可行。这里要强调的是，阿米巴经营的最高领导人不能以命令的形式单方面给下级下达一个具体的目标。这违反了全员参与经营的原则，会破坏阿米巴经营的根基。

最高领导人必须重视各个阿米巴的意志。当然，假如年度计划确实存在问题，可以将其退回相应的阿米巴，继续反复讨论和修改。所有的阿米巴经营者都要参加，表达自己的想法。通过这种开诚布公的民主协商，最高领导人制定的公司年度总方针会传达给各层级的阿米巴。与此同时，各个阿米巴也在自上而下地汇总年度计划。两股力量良性互动，最终能制定出让所有参与者都相信一定能实现的年度目标。

阿米巴专家有话说•

目标在空间和时间上都必须明确。所谓空间上明确，即目标不是全公司的一个抽象数字，而是分解到每个部门的详细资料，现场最小的组织单位也必须有明确的数字目标。再进一步，每一个基层员工都要有明确的指针和具体的目标。所谓时间上明确，即不仅要设定年度目标，还要设定月度目标。月度目标明确了，每个人就能看出自己每一天的目标。员工们明白自己每一天的任务，要完成这些任务，就必须设定明确的目标。

——阿米巴运营创始人、日本经营之圣 **稻盛和夫**

以"月度预定"来推动年度计划

内容摘要

1. 什么是阿米巴经营的"月度预定"？

2. 制定和实行月度核算管理有哪些操作要点？

为了更好地完成年度管理目标，阿米巴经营设置了严密的月度核算管理制度，俗称"月度预定"。.

月度预定主要由各级阿米巴长负责制定，但要广泛听取阿米巴成员的意见。无论是制订计划还是实施计划，都要贯彻人人参与经营的理念。以下是执行月度核算管理的几个要点。

1. 贯彻100%达成目标的决心

阿米巴经营奉行完美主义原则，不能把99%的达成率当成合格标准。只有100%达成目标才算合格，因为月度预定是阿米巴承诺必须达到的约定数字。

阿米巴长在制定月度预定时，不能只是满足于把数字简单填入单位时间核算表中，而要充分考虑各种可能发生的阻碍与困难，周密准备风险应对预案。

其他阿米巴成员同样要贯彻100%达成目标的决心，帮助阿米巴长完善月度预定，努力完成目标。只要有1%没有达成，阿米巴就应该召开内部会议反省总结，找出失误之处，改进工作质量。

2. 把计划落实到每个成员的行动上

阿米巴长在制定月度预定时要认真研究单位时间核算表里的所有科目。制订计划时要以达成年度计划目标为立足点，每个月增加多少收入，减少多少费用，缩短多少个小时的时间，都要做出可行的详细行动计划。

为了做到这一点，阿米巴长要跟每个成员逐个讨论，给他们具体的课题和行动计划，明确每个人在这个月必须完成哪些任务。阿米巴长布置完任务后不能当甩手掌柜，而应该随时跟踪每个人的进度，及时为成员排忧解难，持续激发他们的干劲。

3. 每天核算收支，确认实绩有多少

按照阿米巴经营的理念，阿米巴长及其成员在开始执行月度预定时必须每天做好收支核算工作。从月初就开始整理数字，每天确

认实绩的进展，掌握好工作的节奏。

身为阿米巴领导人，那种只在月末随便浏览一下统计完毕的核算表，看看哪些目标已经完成、哪些目标未能实现的做法，毫无经营者意识可言。

每天确认实绩的另一个意义，就是确认阿米巴成员的努力是否取得了相应的实绩。如果大家很努力，却没产生足够的实绩，就要一起到现场查找原因，迅速制定对策，这样才能把隐患扼杀在苗头阶段，不至于演变成重大事故。

4．每月召开业绩讨论会

业绩讨论会是阿米巴经营的例行会议。公司的年度计划不光跟一个阿米巴有关，相关各方都有必要了解各个阿米巴的现状和问题，才能更好地按照内部交易规则来协作。

业绩讨论会是按照管理层级来召开的，由公司最高领导人宣布全公司的上月实绩和当月预定，当前公司的经营状况，以及本月的工作重点等内容。接下来是各级阿米巴领导人依次发表各自阿米巴的情况。此举有助于公司上下完成年度计划，同时也能锻炼更多具有经营意识的后备人才。

稻盛和夫规定，月度预定的数字要按照班、系、科、部、事业部依次汇总，从最小的阿米巴开始逐级累加，全公司的预定数字就是合计数字。在各个阿米巴中，难免会出现预定数字无法达到年度计划要求的情况。这会影响事业部乃至全公司的年度计划。为此，事业部要仔细分析各个阿米巴的预定数字，对难以达成计划的阿米巴进行指导，确保事业部全体成员都能坚决实现年度计划。

阿米巴专家有话说•

在经营这个领域，不少人主张必须依据企业经营战略，制订5年甚至10年的中长期计划。但是我从不制订长期计划。因为即使制订长期计划，也几乎不可能达成。其间必有超出预想的市场变动，甚至有不测事态发生，计划本身失去意义，或向下修正，或不得不放弃，这类事司空见惯。不严肃、无把握兑现的计划，还是不制订为好。

——阿米巴运营创始人、日本经营之圣　**稻盛和夫**

延伸阅读：京瓷企业文化建设纲要

以心为本开展经营

京瓷是从既缺乏资金，又没有足够的信誉，也没有业绩的小作坊开始出发的。可以依赖的只有一些技术和相互信任的28个伙伴。

为了公司的发展，每个人都竭尽所能，经营者为了回应大家的信赖而拼命做事，众人相互信任，抛开私利私欲，全体员工都愿意在这家公司工作，努力把公司建成最优秀的企业。京瓷就是朝着这样的目标来经营的。

虽说人心多变，但人心同时也是世界上最可靠的事物。正因为我们将心与心之间坚强的联系作为经营企业的基础，才有了京瓷今日的发展。

以"利他之心"为判断基准

我们的内心中有"自己好了就万事大吉"的利己之心，也有"宁可牺牲自己也要帮助别人"的利他之心。如果以利己之心作为判断的基准，我们就只会考虑一己之私，而得不到任何人的帮助。以自我为中心，视野会变窄，就容易做出错误的判断。

相反，如果我们以利他之心作为判断的基准，替他人着想，周围的人也会非常愿意伸出援助之手。不师心自用，视野自然变得开阔，就更容易做出正确的判断。

想要把工作做得更好，就不能只顾自己，而是要考虑周围的人，把为他人着想的"利他之心"作为判断的基准。

人生工作的结果=思维方式×热情×能力

人生工作的结果，可以用思维方式、热情和能力这三个要素来衡量。

其中，能力和热情分值都在0~100分之间。由于是乘法，比起自以为能干而不努力工作的人，那种认为自己能力有限，因此比任何人都努力的人往往能够获得巨大的成就。这个结果需要再乘上正确的思维方式。思维方式是人生的态度，故而在负100分到正100分之间评分。思维方式可以让人生和事业的结果发生180度大转向。

可以说，一个人拥有正确的思维方式，比什么都重要。

经营之心

- 心存高远的志向

- 光明正大地追求利润

- 依照原理，遵循原则

- 贯彻客户至上原则

- 贯彻实力主义原则

- 注重伙伴关系

- 重视独创性

- 以大家族主义开展经营

- 全体员工共同参与经营

- 透明化的经营

- 以心为本开展经营

为了度过美好的人生

◎提高心性

- 保持纯朴的心性

- 深怀感谢之心

- 始终保持乐观心态

- 必须始终保持谦虚心态

- 以纯洁的心灵描绘愿望

- 以爱、真诚以及和谐的心性为本

◎ **精益求精**

- 贯彻完美主义精神

- 认真努力，埋头苦干

- 脚踏实地，坚持不懈

- 追寻事物的本质

- 热爱工作

- 燃烧自我

- 成为众人的表率

- 成为漩涡的中心

- 在赛台的中央与对手交锋

- 对问题直言不讳

- 具备均衡的人性

- 重视实践

- 不断从事创造性的工作

◎ **做出正确的判断**

- 以利他之心为判断基准

- 做出公正无私的判断

- 坚持公平竞争精神

- 公私分明

- 胆大心细

- 以"有意注意"提高判断力

◎ **达成新目标**

- 抱有渗透到潜意识里的强烈而持久的愿望

- 追求人类的无限可能性

- 具备挑战精神

- 勇当开拓者

- 认为不行了的时候才是工作的开始

- 坚持自己的信念

- 乐观地思考，悲观地制订计划，再乐观地执行

◎ **战胜困难**

- 具备真正的勇气

- 燃起斗志

- 自己的路要自己开拓

- 做事言出必行

- 深思熟虑直到看见成果

◎ **思考人生**

- 人生工作的结果=思维方式×热情×能力

- 认真度过每一天

- 心想事成

- 描绘梦想

- 动机至善，了无私心

- 小善如同大恶

- 度过能够自我反省的人生

- 以纯真之心行人生之路

在京瓷，人人都是经营者

- 定价为经营之本

- 追求销售额最大化、经费最小化

- 每天都要进行核算

- 贯彻健全资产原则

- 以将来进行时看待每个人的能力

- 让目标变得一目了然，能贯彻始终

关于日常工作的开展

- 提高核算意识

- 以节俭为本

- 按照所需数量购买必需物品

- 贯彻现场主义的作风

- 重视工作经验

- 倾听产品的声音

- 制造完美的产品

- 贯彻双重确认原则

- 贯彻一一对应原则

- 学会简单地看待事物

第八章

团结员工靠"大家族主义"？多元
激励成就阿米巴

●

稻盛和夫倡导以日式大家族主义精神来增强公司内部的凝聚力，呼吁阿米巴领导者应该成为让员工爱戴的人。要做到这点实属不易。因为，一味空谈企业使命和经营哲学，是无法团结员工的。而只是片面地提高薪资待遇，也不能保证员工愿意跟公司同甘共苦。阿米巴经营的成功之处在于，它把经营哲学和多元激励有机结合在一起。领导者与员工拥有共同的理想抱负，把员工当成公司的主人来精心培养，从中提拔优秀的新人担任新的阿米巴长，唯有这样才能让公司上下同心同德。我们接下来讲一讲阿米巴经营的配套激励机制。

成就感激励：人人都是经营者

内容摘要

1. 成就感激励是阿米巴经营最有特色的激励机制。

2. 阿米巴经营模式要求公司营造"每个员工都能成为主角"的氛围。

成就感激励对应着马斯洛需求层次理论中最高层次的需要——自我实现的需要。这种需要的本质是人通过努力来实现自己的理想抱负，逐渐成为自己所期望的样子。当我们满足了自我实现的需要时，会高度自信和自豪，内心充满成就感。

阿米巴经营哲学有个口号是"每一位员工都是主角"，恰恰揭示了成就感激励的精髓。也许不是每一名员工都能成为举世闻名的高级管理人员，但他们都是阿米巴经营的参与者，用自己的热情和智慧来把阿米巴发扬光大。这样的自豪感和成就感，单靠物质激励是无法获得的。稻盛和夫推崇大家族主义的公司人际关系，他主张由公司营造让每一位员工都能成为主角的氛围，以换取员工同心同德。

1. 通过联谊聚会来增进关系

联谊聚会是公司改善团队人际关系的首要手段。特别是当员工们为了完成艰巨任务而疲于奔命，或者因工作进展不顺而遭到斥责时，更需要通过联谊聚会来放松神经。阿米巴领导人在工作时要追求完美、一丝不苟，该批评的地方要直言不讳。但只批评而不表扬，团队关系就会变成僵硬的指挥与服从关系。

联谊聚会给大家提供了一个吃吃喝喝、放松玩乐的环境。这样的聚会不用限定时间，团队业绩上升时可以组织庆功会，团队业绩低迷时可以组织诉苦会。关键是阿米巴领导人在此时要收起严肃的工作面孔，与员工们打成一片，跟他们真诚地交流梦想和工作的意义，倾听他们的烦恼，为他们加油打气。大家不断加深相互了解，才能建立阿米巴经营必需的信赖关系。

2. 通过公司内部活动来提高凝聚力

公司可以组织运动会、文化节、团队素质拓展活动或其他休闲娱乐活动。这种公司内部活动在阿米巴经营中是提高组织凝聚力的好机会，原则上要求全员必须参加。每个阿米巴作为一个参加活动的竞技队伍。让每一支队伍都精心准备，活动中争取最好的结果。

公司内部活动具有很强的互动性和娱乐性，能让大家暂时忘却平时的身份，但又以团队集体为纽带参与其中。阿米巴团队不管是工作还是娱乐都全员一致行动，这就会产生更强的凝聚力和向心力。公司内部活动不仅能推动企业文化建设，还能为全体员工提供更多联络感情的谈资。活动举办得越有声有色，员工的成就感就越高。

3. 哲学教育激发使命感

一般情况下，公司组织的培训往往分别针对不同的人群。新员工接受的是入职培训，青年员工接受的是基础技能培训，管理人员接受的是管理知识培训，技术人员接受的是新技术培训。阿米巴经营多一项全体成员都要学习的哲学培训。

组织哲学教育是为了强化价值观上的共识，让每天在一起工作的伙伴都能以共同的价值观来说话做事。最初的经营哲学教育最好由经营者本人担任，确保传播的哲学思想不会走样。当公司下属的阿米巴越来越多时，可以挑选既有实战经验又深谙公司经营哲学的各级阿米巴管理者担任讲师。除了培训课程外，编制员工手册也是一个有用的教育手段。

4. 人事安排要贯彻实力主义方针

阿米巴经营的绩效考核是以单位时间核算实绩为基准的。但我们在培养和提拔员工时，不能只把目光放在核算实绩和短期成果上。只要中长期能持续提升业绩，贯彻公司的经营哲学，人品在团队中有口皆碑，具有领导其他员工独当一面的潜质，这样的员工就应该被提拔为阿米巴长。

企业管理者应当贯彻实力主义方针，给敢于挑战并获得成功的员工最高的评价，敢于挑战但不幸落败的员工能得到第二等的评价，没有挑战但成功的员工能得到第三等的评价，不敢挑战又一事无成者只有差评。在此基础上，公司的人事安排要像阿米巴组织那样灵活多变，这样才能让更多人才脱颖而出，对公司更加尽心尽力。

阿米巴专家有话说·

> 让每一位员工都成为企业的主角，就能够让员工站在"舞台"的最中央，让员工在感受到企业对他的重视的同时，也能让他施展自己的抱负。这有助于实现员工的自我价值，进一步激发员工的事业心和责任心。所以说，只要一个企业拥有一大批能够将自己看作主角的员工，那么这个企业就会获得超强的竞争力，发展前途不可限量。
>
> ——阿米巴运营创始人、日本经营之圣　**稻盛和夫**

薪酬激励：科学衡量员工创造的价值

内容摘要

● 1. 什么是阿米巴经营的"三个满足"原则和"岗位指标薪酬制"？

2. 阿米巴薪酬激励机制的设计要点有哪些？

薪酬激励是所有激励措施中最常见、最基本的方法。对于员工而言，薪酬不仅是银行账号上的数字，还代表着公司眼中的员工价值、员工在社会上的地位。优厚的薪酬待遇不是唯一吸引人才的因素，但对大多数人来说非常有吸引力。阿米巴经营与常规的企业管理有很多差异，在薪酬激励方面也有自己的一套准则。

1. "三个满足"原则和"岗位指标薪酬制"

薪酬制度的本质是企业的利润分配机制。令人遗憾的是，任何一家企业都存在利润分配不均现象，具体表现就是薪酬设计不合理。尽管利润分配不均现象无法从根本上消除，但管理者可以努力让薪酬制度变得更加合理，提高员工的满意度。为此，稻盛和夫提出了阿米巴利润分配机制的"三满足"原则。

第一，以满足公司发展需求为前提，让公司中每一位员工的薪酬和绩效都紧密结合。

第二，满足公司、部门的整体业绩与员工个人收益之间的缺口，让公司上下都处于一个相对平衡的位置上。

第三，一切薪酬激励措施都要以满足团队和谐的良性竞争为原则。

京瓷集团的"岗位指标薪酬制"就是根据"三个满足"原则设计的薪酬制度。"岗位指标薪酬制"的宗旨是尽可能公平合理地分配利益，考察员工绩效和分配利润的终极指标是单位时间核算。无论是从事何种业务的阿米巴，谁的单位时间核算数值越高，谁的薪酬收入就越高。反之，单位时间核算数值偏低的管理者，收入也会相应地降低。

2. 薪酬激励机制的设计要点

我们在设计阿米巴薪酬激励机制时，要做好以下三项工作：

（1）分析人力成本

人力成本包括标准工作时间的员工劳动所得（即工资）、非标准工作时间的公司付出（即福利）、人力开发成本（即培训成本和招聘成本）三个部分。分析人力成本可以帮助公司设计出能招到人的薪资标准，检查人力总成本的合理性，控制预算和薪酬总额或人力成本占销售额的比例。

（2）行业薪酬水平调查

行业薪酬水平调查是为了让公司弄清楚本行业的平均薪资待遇水平，确保自身的薪资待遇具有一定的外部竞争力，同时又不至于因待遇条件过高而增加公司的管理成本。调查的主要途径是搜集整理同行业各公司的招聘信息，里面通常会包含各个岗位的名称、职责、要求以及薪资待遇。

（3）价值评估

①岗位评估

通过岗位评估来准确掌握员工在相关工作岗位上的工作情况和工作量。岗位评估需要设置一定的标准，对公司内部所有岗位进行评分排序。这需要公司经营管理部门和各个阿米巴协助人力资源管理部门采集和处理大量原始数据，再进行综合计算，最终评定等级。

②能力素质评估

公司应该构建能力素质模型，全面评估员工的综合能力素质，并观察其与企业使命、发展战略、价值观等方面是否匹配。这样一来，企业管理者就能设计出比较合理的薪酬激励机制。

京瓷凭什么让员工留下来？京瓷凭什么让员工能够发挥自己的积极主动性？有人说是京瓷的薪资福利待遇好，但是我认为这只是一方面，并不准确。在我看来，京瓷之所以能让员工留下来并能让其努力地奉献出自己的聪明才智，并不是因为钱，而是因为京瓷独特的管理。

——阿米巴运营创始人、日本经营之圣　**稻盛和夫**

奖金激励：能力导向+团队导向+实绩导向

内容摘要

1. 设计阿米巴奖金激励方案的三个导向：能力导向、团队导向、实绩导向。

2. 设计阿米巴奖金激励方案时要注意的问题。

阿米巴奖金的设置体现了按劳分配原则。谁对公司的贡献大，谁就能得到更多的收益。奖金激励的目的在于激励员工为公司做更多的贡献。假如发放奖金后没能提高员工的工作积极性，说明奖金制度存在不合理的因素。为此，我们有必要了解一下阿米巴奖金激励制度的操作要点。

1. 设计奖金的三大导向

按照什么依据来设计奖金激励制度，体现了公司管理层的价值导向。阿米巴经营奉行实力主义和团队精神，并按照单位时间附加价值来核算效益。我们由此可以确定阿米巴奖金激励的三大导向。

（1）能力导向

能力导向体现了实力主义思想。我们可以在科学评估员工能力水平的基础上，设定不同的奖金系数。员工能力越强，奖金系数越高，完成目标后发放的奖金数额越高。这样才能让能者多劳，确保能力强者不吃亏。

（2）团队导向

阿米巴经营需要密切的团队协作，不能只让个别精英单打独斗，否则不利于培养具有经营意识的人才。为此，阿米巴奖金激励应该体现团队导向，团队一损俱损、一荣俱荣。这样能促进阿米巴成员的内部交流与协作，提高每个人的全局意识和团队精神。

（3）实绩导向

阿米巴经营不倡导绩效主义，但并不否定绩效管理的价值。衡量员工能力最主要的标准，就是看员工做出了多少实绩。稻盛和夫为了公平地衡量不同工种的员工的实际贡献，才发明了单位时间附加价值的指标。按照实绩大小来发放奖金，是最没有争议的激励措施。

2. 奖金类型

奖金类型	奖励标准
绩效奖	生产成本、数量、质量、产品交货率、销售额等
项目奖	产品的技术含量、成本回收期、产品的生命周期等
年终奖	员工岗位职级、年终考核结果、公司的年度效益等
全勤奖	当月考勤没有无故迟到、早退记录，达到全勤
超产奖	合格产品生产数量、提前完工的时间等
节约奖	生产成品实际消耗量、费用节省数额等

3. 需要考虑的问题

•阿米巴奖金激励制度是否体现了公平性。

•当前设置的阿米巴奖金跟公司的绩效考核制度是否匹配，有没有冲突。

•是否授权各级阿米巴领导人参与下属员工的个人奖金额度评定工作。

•阿米巴奖金与同业竞争对手的奖金相比是否具备足够的竞争力。

•当前的奖金激励制度是否具有前瞻性和延续性。

•现有的奖金分配额度和方式是否让员工感到满意。

有一次，京瓷公司的一位生产部经理因为自己部门无法完成公司制订的生产计划而道歉。稻盛和夫询问生产计划完不成的原因，经理说是因为员工大多抱怨工作累、收入低，不肯付出更多努力，用奖金鼓励也毫无效果。稻盛和夫第二天召开了员工大会，他在大会上宣布了新的薪资制度，把过去的固定工资改为计件工资，多劳多得。这个规定马上得到了大多数员工的支持。几天后，生产部经理兴冲冲地告诉稻盛和夫，本部门的产品产量比过去提高了三倍，再也不用为完不成工作计划而烦恼了。

股权激励：把优秀的阿米巴长变为股东

内容摘要

1. 阿米巴股权激励的四种实现形式。

2. 阿米巴股权激励制度的九个操作要点。

通过股权激励制度，公司可以把表现突出的阿米巴长变为企业所有者。这既符合人人参与经营的阿米巴经营哲学，又能巩固阿米巴长与公司高层领导的伙伴关系。以德服人，以股留人，优秀的经营者才会怀着感恩之心与公司共进退。接下来，我们来了解一下阿米巴股权激励的基本知识。

1. 股权激励的四种形式

（1）股份转让

股份转让指的是股票持有人把自己持有的股票转让给他人，使其成为公司股东。也就是公司领导人以一定的价格把阿米巴股份转让给对公司劳苦功高的阿米巴成员。

（2）资产增值转股

如果一个阿米巴没有把当年的利润分光，有一部分利润就会转入第二年的资产当中。这部分增值的资产可以转换为公司的股份，转让给股权激励对象。

（3）股份期权

股份期权激励是一种经典的长期股权激励模式。期权激励更多用于激励阿米巴的高层管理人员和各部门的技术骨干。奖励方式是阿米巴达到一定的业绩标准条件后，公司对相关员工进行期权激励。

（4）增资扩股

阿米巴向全社会募集股份，或者由原股东增加投资以扩大股权，也可以吸引新股东投资入股。这些增加阿米巴资本金的方式都属于增资扩股。

公司对阿米巴长进行股权激励时，可以采用单一的股权激励形式，也可以兼用多种形式，一切都根据具体情况灵活处理。

2. 股权激励的九个要点

我们在设计阿米巴股权激励方案时，必须规划好以下九个方面。

（1）定目的

股权激励的目的包括回报老员工、留住优秀人才、提高业绩、降低成本压力等。公司选择的股权激励方式因目的而异。

（2）定对象

明确股权激励的对象，应该给阿米巴中的哪些成员授予股权，给多少人，根据什么条件来给。股权激励的对象通常是对阿米巴发展影响很大的管理骨干（阿米巴长）、核心技术人员、骨干业务人员等。

（3）定模式

根据公司类型的差异或者激励对象的差异来选择合适的股权激励模式。

（4）定数量

用于奖励的股份总量不应超过公司股本总额的10%，首次实施激励计划所用的股份数量应该控制在股本总额的1%以内。任何一名激励对象获授的本公司股权累计不得超过股本总额的1%。在此基础上，不同激励对象的获授股权数量应该有差异。

（5）定价格

计算公司股票的行权价格和回购价格。确定以什么价格授予员工股份，以什么价格回收员工的股份。

（6）定时间

根据相关法律法规来确定股权授予日、有效期、等待期、可行权日及禁售期。

（7）定来源

股票来源有发行股票、回购本公司的股票以及其他法律允许的来源形式。资金来源包括激励对象直接出资，激励对象工资、奖金、分红抵扣、企业资助等。

（8）定条件

确定员工获得股份的条件，失去股权的处罚条件，以及行权条件。

（9）定机制

确定预防股权过度稀释导致决策权无法集中的措施，制定股权激励计划管理机制，调整、修改和终止相关的激励计划。

阿米巴运营冷知识·

27岁的稻盛和夫离开松风工业公司后决定自己创业。他的上司青山政次同时辞职，和他一同创建新公司。青山政次把稻盛和夫引荐给自己的大学同学西枝一江和交川有，三人又一同说服了西枝一江所在的宫木电机的社长宫木男给稻盛和夫的新公司投资。西枝一江还教导他："不要做金钱的俘虏。员工应该成为公司的主人。"在西枝一江的建议下，稻盛和夫一开始就以技术作股的形式成为持股经营者。而且新公司并非宫木电机的子公司，而是一家独立的公司。稻盛和夫对西枝一江满怀感激，并把这种创业成员心心相连的精神上升为京瓷经营哲学。

延伸阅读：稻盛和夫的"大家族主义"

以下内容节选自稻盛和夫先生的演讲《化解劳资对立的"大家族主义"》：

当时（1959年），京瓷是一个刚创立不久的小企业，全体员工必须团结奋斗，才能在激烈的市场竞争中求得生存。这时候，如果因为企业内部的劳资对立而消耗力量，公司将难以为继。因此无论如何，我必须构建一个没有内部对立、劳资协调、共同奋斗的公司团队。

怎样做才能解决劳资对立的问题？我伤透了脑筋。我反复思考，得出的结论就是："经营者应该尊重劳动者的立场和权利；劳动者应该和经营者一起考虑整个公司的利益，为公司做贡献。如果劳资双方持有这样的观点，那么劳资对立自然就会消失。"

公司有个体经营、有限公司、股份公司等多种形态，其中如果有"全体员工都是经营者"这种形态的公司，那么劳资对立就不会产生，全体员工都会朝着公司发展的方向团结奋斗，成为最强大的集体。

据我所知，当时在美国就有会计事务所、律师事务所等，采用合伙制经营的公司形态，公司成员都是共同经营者，都是伙伴，都对经营负有连带责任。我也曾想过，如果京瓷的员工也都成为经营的伙伴，那该多好啊！遗憾的是，在日本的法律制度里面，找不到这样的经营形态。

尽管没有这种形态，但是我认为，包括经营者在内的全体员工都抱着共同的目的，齐心协力、团结奋斗才是最理想的，而在日本传统的家族里面，可以找到这样的模式。这里所说的家族，就是构成家族成员的祖父母、父母、子女，为了自己家族的利益，大家共同奋斗的那种传统的家族。长辈爱护子女，子女尊重长辈，整个家族是一个命运共同体，彼此互爱互助，这样一种家族关系，就是我想追求的"大家族主义"。

如果公司成为像一个大家族一样的命运共同体，经营者和员工像家族成员一样相互理解、相互鼓励、相互帮助，那么，劳资双方就能团结成一个整体，共同经营企业。即使在严酷的市场竞争中，由于大家都为公司的发展共同奋斗，就自然能够顺利开展经营。我把这种观点称为"大家族主义"，这是公司经营的基础。

在当时的日本社会，劳资对立被视为理所当然，但我想构建经营者与劳动者之间像家族成员般的人际关系，让更多的员工同我携手，共同参与经营。我就想构筑这样的公司。

但是，不管怎样标榜大家族主义，要消除经营者与劳动者之间的对立，要营造劳资协力的企业风气，仍然很困难。为了超越经营者、劳动者各自的立场，让全体员工团结一致，首先必须有全体员工都能认同的企业目的，或者叫经营理念。

　　一般的公司，大多是从父辈那里继承家业，或者为了自己赚钱才创立公司。如果京瓷也是这样的公司，要做到劳资团结一致，恐怕很困难。但京瓷从一开始就是互相信赖的同志集体创立的公司，作为经营者，我丝毫没有肥一己之私的念头。

　　另外，一开始我就讲过，京瓷已经把公司的经营理念定为"在追求全体员工物质和精神两方面幸福的同时，为人类社会的进步发展做出贡献"。因为是把追求员工的幸福作为公司的目的，所以与劳资团结一致共同为企业发展而尽力的要求毫无矛盾。确立全体员工都能接受、都能共有的、普遍正确的经营理念，就是培育了一种土壤，让京瓷产生了超越劳资对立、团结奋斗的企业风气。

　　同时，因为确立了这样的经营理念，我才敢于严格要求员工。如果是为了满足个人私欲的经营者，他们是为了自己的利益驱使劳动者，榨取劳动者，他们会心存顾忌。而在京瓷，作为经营者，我站在最前面，哪怕牺牲自我，也要为全体员工的幸福而竭尽全力。所以，为了大家，为了把工作做好，我可以毫不客气地批评、斥责工作不努力的员工。而全体员工也会产生伙伴意识，大家都是为了同一个目标共同奋斗的同志。

第九章

推行阿米巴经营很轻松？几大常见误区值得警惕

有人认为，经营哲学不重要，只要照搬阿米巴的组织结构就能获得成效；有人认为，阿米巴经营就是化整为零，把大公司拆分成小公司；还有人认为，阿米巴经营就是把经营权全部下放给基层管理者，老板做"无为而治"的甩手掌柜。这些似是而非的观点阻碍了阿米巴经营管理方法的推广。此外，部分企业管理者把阿米巴经营当作一套不同于KPI绩效管理的考核制度。而另一些管理者过分保守，只肯把单个部门作为试点，而没意识到阿米巴经营需要对整个企业组织进行重组。我们接下来将逐个分析推行阿米巴经营的常见误区。

只学经营技巧而忽视经营哲学

内容摘要

● 1. 为什么稻盛和夫改组日航时把宣讲经营哲学摆在第一位?

2. 忽视经营哲学可能给企业经营带来哪些恶果?

有些企业领导人看到阿米巴经营模式创造了不少商业奇迹,于是照猫画虎地引进了公司内部交易制度、单位时间核算制度,把组织划分成若干阿米巴,也设置了许多阿米巴长。但他们骨子里认为经营哲学是虚头巴脑的玩意儿,不值得学习。这个反应跟当年日本航空公司的管理者们的反应如出一辙。

日航破产后,社会各界要求稻盛和夫出山整顿日航。稻盛和夫在去日航之前对得力干将森田直行说:"如果我答应他们去重建日航,我能带给日航的只有我们做过的用来改变思维方式的经营哲学和阿米巴经营。"

2010年4月15日，稻盛和夫给日航全体高层管理者做了演讲，打算通过经营哲学来改变干部和员工的思想意识。日航的管理者们大多对此抱有疑虑，甚至有人讽刺道："精神论能拯救日航吗？笑话！"

　　但稻盛和夫不为所动，不仅进行了十多次关于经营哲学的讲座，还多次到机场现场跟员工们交流思想。据森田直行回忆，针对管理者的经营哲学学习会是按照1个月17天、1天3个小时的强度进行的。最终日航上下不仅接受了稻盛和夫的经营哲学，还共同制定了新的日航经营理念。

　　稻盛和夫之所以如此重视经营哲学，是因为经营哲学是阿米巴经营不可或缺的助推剂。阿米巴经营模式把权力下放到基层的小阿米巴组织，每个小阿米巴都像公司一样自主经营。试想一下，一个拥有上千个小阿米巴的大型企业，仿佛上千个小公司的联合体，会产生上千种经营策略，公司内部交易关系十分复杂。如果没有一个全体成员都认同和遵守的经营哲学，这家企业的阿米巴就很容易陷入各自为政的歧途，小团体本位主义日益抬头，人心越来越散，公司的凝聚力不断下降。一旦公司遇到困难，各个阿米巴并不会齐心协力共同渡过危机，反而可能落得个树倒猢狲散的下场。

　　为此，我们在推行阿米巴经营模式时，不能只照搬形式而不学习哲学精神。阿米巴经营的具体制度是根据不同企业的实际情况来调整的，但经营哲学高度相通。经营哲学可以筛选出真正与公司共进退的伙伴，可以让阿米巴团队具备更强的向心力，让员工充满使命感和自豪感。假如抛弃了阿米巴经营哲学，无论组织形态和经营技巧模仿得多像，都是魂不附体。

阿米巴专家有话说·

共享目标是一个很现实的问题，但是这其中也存在着很多抽象的概念，员工不容易理解。员工不容易理解的主要原因，就是他们不知道自己该怎么做才能将自己的实际行动和决策层的想法完整地结合起来。所以，我们经常可以看到，很多企业的价值观都成为挂在企业大门上的匾额，成为一种摆设，根本就没有发挥任何作用。

——阿米巴运营创始人、日本经营之圣　**稻盛和夫**

不肯把经营权下放给基层阿米巴

内容摘要

1. 阿米巴经营需要赋予员工足够多的权力。

2. 授权经营的基础是企业内部的信任关系。

3. 阿米巴经营者既是工作流程和编制划分的检查者，也是员工的教育者。

众所周知，阿米巴经营的主要特征是下放经营权，让处在基层的小阿米巴获得真正的独立经营、自负盈亏的权力。但有些公司最高领导人习惯了独揽大权的日子，害怕权力下放会失去对公司的掌控。他们只是模仿了阿米巴组织的形态，却没有真正授权给员工。这样的阿米巴经营有名无实，出不了成果。其实，我们只要做好周密的规划，授权经营就会把最高领导人从繁重的事务中解放出来，让公司发展步入一个新台阶。以下是具体的操作要点。

1. 授权经营以信任关系为本

当公司内部没有足够稳固的信任关系时，是不适合推广阿米巴经营模式的。因为阿米巴经营要求透明化管理，让全体员工了解公司的经营现状。可是大多数管理者不相信员工能跟公司共同前进，也不认为他们可以独立完成目标任务。缺少这点信任，公司就无法挑选出信得过的人才来担任自负盈亏的阿米巴长。另一方面，员工觉得自己不被信任，也不会有参与经营的积极性。当你真正下决心推行阿米巴经营模式时，必须先跟员工建立信任关系，停止两头猜忌。

2. 经营数据真实严谨

阿米巴经营是通过核算数据来反映经营现状的。我们已经在前面详细讲解了相关制度，在此不再赘述。这些制度发挥作用的前提是经营数据真实严谨。这就要求最高领导人和各级阿米巴长必须具备认真严肃的工作态度，不要轻视每天的核算工作。

3. 及时把数据反馈给现场

很多管理者只是单方面地接收现场员工汇报的数据，却不把数据反馈给现场员工。这种恶习在企业中非常普遍。数据反馈不及时的话，现场员工很可能出现巨大的操作失误，严重打击大家的积极性。管理者及时把数据反馈给现场，员工们才信得过你，才会及时把自己的情况向你汇报。如此一来，最高领导人就不必担心自己被下面的人蒙蔽。

4. 经常检查阿米巴的编制是否符合工作需要

当公司细分阿米巴后，组织形态并不会一成不变。阿米巴经营高度重视灵活性和速度性。假如阿米巴的设置跟工作需要不相匹配，可能导致某个经营环节出现差错，阻碍公司目标的达成。因此，阿米巴领导人要经常检查当前的阿米巴编制是否为最合理的组织形态。假如发现比现行编制更好的编制方法，阿米巴领导人要毫不犹豫地大胆改革。这个工作由熟悉现场的基层阿米巴领导人负责最合适。但公司最高领导人作为阿米巴顶端的负责人，应该经常进行这项工作，以确保对基层的影响力。

5. 加强对员工的教育培训

如果员工能力素质出众且品行端正，就应该被公司决策层委以重任，充分授权。在现场工作的一线员工，更是需要具备根据经营数据发现问题并想出解决方案的能力。这就需要高层的阿米巴领导人以组织培训或者现场指导等方式加强对员工的教育。唯有如此，才能真正开发员工的潜力，让公司真正实现全员参与式经营。

企业就是一个由许许多多小公司组成的几何体。这就是阿米巴经营构想的起始点。但实际上，我们不能真正地去成立一些小公司。要成立公司法人，就需要在每个公司法人里面设置许多管理部门，这就会产生一些浪费。所以，阿米巴经营并不是真的去成立很多小公司，而是制造这样一个概念。

——京瓷沟通系统有限公司管理咨询（KCMC）会长　**森田直行**

以为阿米巴经营是让老板做甩手掌柜

内容摘要

1. 阿米巴经营对老板的才能和品德提出了更高的要求。

2. 阿米巴最高领导人要身体力行，用实际行动改变一切。

舍不得放权是阿米巴经营最常见的误区，与之相反的是另一个极端倾向——老板把事业全丢给阿米巴长们做，自己当悠闲的甩手掌柜，最多只是在公司面对重大决策或者重大投资时才出面。有人甚至把这种行为讽刺成"上级垂拱无为，下属奋发有为"的古老智慧。

阿米巴经营虽然把经营权下放给各个基层阿米巴，但这只是为了贯彻全员参与经营的宗旨。"全员"自然也包括高层管理人员以及老板。创立阿米巴经营哲学的稻盛和夫多年来一直呼吁领导人必须付出不亚于任何人的努力。因为阿米巴领导人必须德才兼备，能赢得员工的信赖，担负起传播经营哲学和把员工培养成经营人才的使命。一心想做甩手掌柜的老板，显然不符合阿米巴领导人的综合素质要求，在阿米巴组织中分分钟就会被淘汰。

想要更好地管理员工，阿米巴领导人就必须坚持身体力行原则，亲自到现场了解情况，跟一线员工讨论工作。唯有这样，员工才能接受你嘴里说出来的陌生理念，按照你期待的样子成长。

京瓷集团在美国开设第一家分公司时遇到了挫折。总部派过去的日籍社长看不惯美国人的文化习俗，试图以各种严格的规章制度来约束美籍员工，结果搞得劳资关系非常僵，员工辞职率直线上升。假如稻盛和夫只是当甩手掌柜的话，恐怕京瓷集团迟早要退出美国市场。

稻盛和夫了解了相关情况后，亲自飞到美国整顿分公司。他招聘了一名美籍社长，并委托这位社长按照美国人的管理方式去经营分公司。此外，稻盛和夫还积极学习美国文化，努力把自己的经营哲学与美国文化结合起来。有一次，他得知美国人喜欢在下午喝完咖啡后再工作，便下令在每一个部门设置几台咖啡机。此举让他深得美籍员工的好感。分公司很快走上了正轨。

稻盛和夫总结了本次美国之行的经验，提出了一个新的要求：日本的阿米巴领导人必须亲临一线，向美国员工学习他们的工作方式，也教会美国员工日本的工作方式。阿米巴领导人带头积极融入新公司，更好地开展经营管理活动。

满足于当甩手掌柜的老板，不去随时掌握公司总体以及各个阿米巴的运营现状，能力必定会日益退化。这对奉行实力主义的阿米巴经营模式来说无疑是个灾难。那些辛勤劳动的阿米巴长及其成员，会把不管事的老板当成酒囊饭袋，工作积极性会受挫。

作为阿米巴的最高领导人，老板必须发挥模范带头作用。领导人自己完不成的事情，绝不能强迫员工去完成。如果老板确实希望员工做到什么事，就应该自己先做到。老板不光要身先士卒做好表率，还要帮助那些表现不够好的员工，引导他们学习进步。没有这种爱护员工的人文关怀，阿米巴团队就缺失了必要的感情纽带，难以形成牢固的事业伙伴关系。

阿米巴运营冷知识

　　1973年，世界爆发了第一次石油危机，发达国家开始把太阳能作为重点开发的新能源。稻盛和夫敏锐地捕捉到了商机，他的京瓷在1975年与松下电器、夏普、泰科、美孚共同成立了合资公司JSEC，以便利用泰科的技术来大规模应用太阳能。作为最大的股东，稻盛和夫一直试图把阿米巴经营移植到JSEC公司，但各股东之间矛盾重重，最终未能如愿以偿。1980年，亏损严重的JSEC公司正式解散。但稻盛和夫在京瓷成立了太阳能新能源事业部，并任命心腹干将手冢博文为新阿米巴的领导人。稻盛和夫亲自与手冢博文共同制定阿米巴发展策略。到了1994年时，京瓷在全球太阳能电池市场中名列三甲。

以为阿米巴经营只适用于单个部门

内容摘要

1. 单个部门无法维持阿米巴经营的正常运转。

2. 阿米巴经营中的销售部门和制造部门都是独立的利润中心。

阿米巴经营采取的是分部门独立核算管理的思路，需要单位时间核算制度、公司内部交易制度等配套措施才能维持经营。只在单个部门推行阿米巴经营的话，根本无法将其改造成具备独立核算能力的阿米巴单位。

传统企业部门有的产生利润，有的不产生利润。产生利润的部门算是一个利润中心，而不产生利润的部门通常不被视为利润中心。但在阿米巴经营模式下，每一个阿米巴都是一个独立的小型利润中心。换言之，每个阿米巴都必须承担单位时间核算的责任。

公司内部交易制度决定了所有的阿米巴都需要通过跟其他阿米

巴进行交易来获取利润。如果做不到这一点,就无法缔造真正的阿米巴,分部门自主经营、独立核算的管理目标也就会沦为一纸空文。

京瓷沟通系统有限公司管理咨询(KCMC)会长森田直行认为:"每个阿米巴的营业额、利润、经费等收支,都应该在每个月末被迅速结算出来,并对公司所有的员工公开。这样,经营者对每个部门的经营业绩就会一目了然,员工对自己的贡献也会了如指掌。每个员工都拥有很强的利润意识,并自然而然地为实现利润最大化而努力。"

按照这个经营理念,每个阿米巴都要成为一个独立核算的利润中心。公司规定所有的票据上都要注明金额,记载金额要尽可能精确,这样才能让所有的阿米巴小单位每天进行收支核算,像利润中心一样快速做出经营决断。

然而在传统的经营体制中,销售部门是利润中心,而制造部门不是。这导致很多企业重营销而轻制造,资源和政策完全向销售部门倾斜,不仅挫伤了制造部门员工的工作积极性,还造成了他们缺乏核算利润的意识。

阿米巴经营的思路则不同,它把销售部门和制造部门都设置为独立的利润中心。制造部门虽然不直接出售产品,但可以通过把生产总值计为收入,再扣除所有的费用(劳务费除外),算出结算销售额。销售部门则把总收益计为收入,再扣除所有的经费(劳务费除外),算出结算收益。

两个部门算出来的结算销售额和结算收益除以总时间,就能算出每个小时产生的附加价值，即"单位时间"。这样一来，销售部门和制造部门就可以通过掌握本部门的"单位时间"来核算自己的利润。

不把劳务费计算在内是因为各阿米巴自己无法掌控这个费用。毕竟劳务费的数额是根据公司人事和薪酬制度事先决定的，人事政策和奖金支付都会引发劳务费的大幅度波动。如果将其计入应扣除的费用，就会对各阿米巴的实绩产生很多影响。此外，过度关注劳务费会让阿米巴长及其成员把管理的着眼点放在劳务费上，而不是通过提高生产效率来获取更多的"单位时间"。

阿米巴专家有话说

日航集结了大量既有能力又有热情的员工，但为什么会破产倒闭呢？那是因为他们的思维方式是负值的缘故。即便再有能力和热情，如果思维方式是负值，那最终结果肯定是负值。我们确信只要思维方式能够变成正值，他们本来就有能力和热情，最终肯定会做出巨大的成绩。开始的时候，我经常对日航的员工这样说："现在日航有今天，就是你们每一个人的随心所欲造成的。每个人都认为只要做好自己的工作就行了，而这样做的最终结果，就是公司整体亏损，导致公司破产倒闭。所以现在想重建日航，你们就不能以自己为中心各自为战，而是要为我们整个公司来思考、来行动。"

——阿米巴运营创始人、日本经营之圣　稻盛和夫

延伸阅读：支撑阿米巴经营的11条法则

我们在前面提到的各种规章制度搭建起了阿米巴经营的框架，但各个阿米巴在为提升单位时间附加价值而努力的时候，还要掌握一些具体的经营法则。这些法则源于京瓷、日航等公司在多年实践中总结的经验教训。与明确的硬性制度相比，它们很容易被阿米巴经营者忽略。以下是支撑阿米巴经营的11条法则：

1. 定价即经营

无论是销售部门的阿米巴还是制造部门的阿米巴，都是独立核算的利润中心。对核算结果影响最大的因素是产品的定价。假如定价过低，无论各个阿米巴怎样削减经费，都无法提升核算效益；假如定价过高，库存又会因为产品滞销而大量积压，库存管理成本将直线上升。

为此，阿米巴长必须认真分析市场情报，准确把握市场形势和竞争对手的动向，正确认识自己的产品价值。唯有如此，才能制定出利于自己阿米巴和整个企业发展的价格。

2. 定价时必须考虑降低成本的方法

阿米巴经营有订单生产方式和库存销售方式等收入形式。为了事业的长远发展，阿米巴领导人有时候不得不硬着头皮接下价格低于成本的订单。

遇到这种情况时，只有想办法降低成本才能维持收支平衡，保证组织依然能获得利润。原材料、设计、制造工艺等环节，都是削减成本的主要方向。阿米巴领导人在决定价格的同时，应该拟好具体的降低成本的方案，指导成员顺利完成目标。

3. 经营者不可缺少使命感

在激烈的市场竞争中，市场价格下滑是常见现象。顶不住压力的企业，很可能被击垮。没有使命感的企业领导人，往往会一次次被迫答应合作商的降价要求，让企业陷入每况愈下的死胡同。

阿米巴经营要求领导人具备强烈的使命感，即使遇到大幅度降价的情况，也要力求挤出利润，再难再险也要把阿米巴维持下去。如果阿米巴长缺乏这样的使命感，阿米巴经营的抗风险能力必将严重不足。

4. 敢接有挑战性的订单

订单是生产、销售和利润的起点。没有订单，企业就没有活可干。所以，每一位阿米巴长都要经常确认订单的余额，积极主动地增加订单，以确保阿米巴不至于无所事事、坐吃山空。

在接订单时，不能只接能轻松完成的订单，还应该敢于接那种难度较大但回报丰厚的具有挑战性的订单。这样的订单虽然在一定程度上超出了阿米巴现有的技术能力，但只要大家竭尽全力地做，就能克服困难完成任务。这不仅是为了获取高回报，也是在促进阿米巴团队的全面升级。

5. 保持事业的持续性

不要只盯着单位时间附加价值。单位时间附加价值的提升不等于实际经营状况一定很好。比如，负责制造产品的阿米巴把大部分工序外包给其他公司，外发工作费会增加，结算的销售额（代表附加价值）会相应减少。

尽管实际附加价值下降了，但员工劳动时间大幅度减少，单位时间附加价值反而因此有所提升。以这种方式增加单位时间附加价值的阿米巴，对公司的实际贡献水平下降了。短期内可能有效，但不利于保持事业的持续性，难以确保员工长期稳定的就业。

6. 销售与制造共同发展

在阿米巴经营中，销售部门和制造部门是各自独立核算的，但二者必须频繁地进行信息交换。阿米巴长不可以有门户之见，只是一味坚持自己部门的主张，一心要把其他部门比下去。

销售部门和制造部门谁也离不开谁。销售部门应该及时把竞争对手的动向、客户的新需求、产品的社会意义等市场信息明明白白地告诉制造部门。而制造部门应该细致地给销售部门讲解自己的技术能力、产品设计思想以及相对竞争优势。双方对彼此的情况了如指掌，才符合阿米巴经营追求的透明化管理，实现精确配合与共同发展。

7. 不断从事创造性的工作

阿米巴经营赋予了员工较大的自主性。阿米巴长和其他成员不能只满足于上级分配的工作，而应该积极寻找更好的工作方法，激发众人的创意，通过大胆创新来提高运营效率，研发新技术，开拓新市场。

创造力是难能可贵的企业核心竞争力。毫不夸张地说，阿米巴经营能走到今天，靠的就是锲而不舍地创新，不断地突破自己的极限。这也是引导各个阿米巴成长的基本行动方针。

8. 设定具体的目标

各个阿米巴长要认真规划经营目标，并且具备必达目标的决心。在制订年度工作计划时，阿米巴长要综合考虑销售额、经费、单位时间附加价值等内容，亲手制作能体现自己目标的单位时间核算表。

阿米巴长还应该思考实现具体目标的方法，并把自己的想法分享给自己的成员，让大家明确各自的任务，更好地完成组织的目标。假如这个月的订单不足以完成目标，阿米巴长应该主动和其他部门一起拜访客户，争取更多的订单。

9. 把每个阿米巴都做强

把组织划分为一个个小阿米巴，确实提高了公司的抗风险能力。只要大部分阿米巴的核算结果良好，就算个别阿米巴运营不善，公司也还是收大于支。如果你抱有这种看法，就违背了阿米巴经营的初衷。

每个阿米巴长都要在服从公司全局的前提下努力维护自己阿米巴组织的利益。只要是无理要求，哪怕对方是顶头上司，阿米巴长也要据理力争。每个阿米巴都要做强，进而提升公司的整体效益。否则，阿米巴经营就失去了意义。

10. 树立全局意识

有的阿米巴长舍不得把自己一手栽培的部下调去其他部门。也有的阿米巴长在内部交易过程中刚愎自用，只考虑本部门的利益，把自己的意见强加于人，导致内部交易定价不合理。这些都是缺乏全局意识的表现，他们心中没有"公司整体"的概念，也没把阿米巴视为公司整体的一部分。

每一位阿米巴长，每一位参与经营的员工，都应该在心中时刻装着"公司整体"的立场，守护自己的阿米巴，但不要忘记阿米巴经营的"利他之心"。

11. 上级领导要站在前方，不可完全放权

阿米巴经营赋予了各个阿米巴组织较大的自主经营权，但完全把权力下放是错误的做法。上级领导不能只是站在后方摇旗，而应该站在前方带领阿米巴成员力争上游。

在阿米巴经营的体制下，全员参与公司的运营管理，每一位员工都要努力完成自己的目标。企业领导人应该对各个阿米巴存在的问题了如指掌，在必要时亲临现场帮助解决隐患。领导人身先士卒，大家才会心服口服，认真履行自己的职责和使命。

第十章

阿米巴经营徒有虚名？国内外成功案例有话要说

●

　　阿米巴经营经过多年发展，在国内外广泛传播，被无数知名企业和中小公司采用。1983年成立的盛和塾也在全球多个国家和地区开设分塾。尽管如此，仍然有不少人认为阿米巴经营管理没什么实用价值，只是名声叫得响罢了。其实阿米巴经营不是什么玄虚之物，而是一种应运而生的企业管理方法。它的出现是为了解决企业运营效率随着规模扩大而降低的问题，使之更适应复杂多变的当代市场环境。无论是制造业、服务业的传统企业，还是新兴的互联网公司，都能发展出适合自己的阿米巴经营体制。本章要分享的是几个不同领域的成功案例。

京瓷：阿米巴经营的先行者

内容摘要

1. 稻盛和夫在创建阿米巴经营模式前是怎样挖掘员工潜力的。

2. 阿米巴经营给京瓷带来了哪些影响？

京瓷在1959年刚成立时，只不过是处于产业链最低端的小公司，没有跟销售商讨价还价的本钱，只能通过减少开支来增加利润。微薄的利润让京瓷的运营变得十分艰难。公司无法用优厚的待遇来招聘研发人才、管理人才和熟练的技术工人，也没钱购买新的生产设备。这迫使稻盛和夫不得不思考怎样在不依靠设备升级的情况下提高公司效益。他的考虑结果是从员工身上挖掘潜力。

稻盛和夫的第一个尝试是通过增加生产班次来提高生产效率。他根据工作量大小来推行三班倒制度。然而，强制性的工作非但没有激发出员工的潜力，反而让他们抱怨不已。眼看着人心要散，稻盛和夫只好改变思路。他做了一个很多企业家都不理解的决定——向员工公布公司的现状。

当时绝大多数企业领导人都把公司的经营现状视为机密，只让少数管理者知道。但在稻盛和夫看来，这样会让员工对公司产生疏离感，只有让员工充分了解公司的经营情况，才能激发他们的信心和责任心。他对员工们说："如果我们的成绩提升不上去，那么我们都将面临失业的危机，所以诸君要加倍地努力啊！"

这个想法虽好，但只有找到一个恰当的方式，才能让员工真正理解公司的经营现状。因为大部分员工和稻盛和夫一样，看不懂密密麻麻的专业财务报表。稻盛和夫先把产品单价、订单数量、订单金额、生产计划、利润目标都告知每一位员工。此举让公司上下的凝聚力大大加强，京瓷由此进入了快速发展期。

在创业不到四年时，京瓷已经从仅有数人的小作坊发展成超过100人规模的中型企业。稻盛和夫身兼研发、生产、销售等要职，已经对管理工作感到力不从心。他决定把公司划分成若干小组织，提拔一些年轻的员工来充当小组织的领导人。

当时京瓷采用的是订单生产方式，公司组建了一支销售团队，并开始对各生产环节进行细分，改变公司的组织形态。稻盛和夫把每一个独立出去的部门都称为阿米巴，并开始使用单位时间产值来评估经营效益。员工不光知道自己生产了什么产品，还知道自己生产了价值多少日元的产品。

由于不同业务的阿米巴获取价值的能力不同，绩效评估也不同。于是稻盛和夫又先后在制造部门、管理部门和销售部门推行时间单位核算制度。由此开始，京瓷很快由最初的十几个阿米巴分裂成1200多个阿米巴，并且成为世界500强企业中唯一一个靠生产零部件上榜的企业。可以说，没有京瓷的奇迹，阿米巴经营模式就不会成为世人眼中的管理利器。

阿米巴运营冷知识·

京瓷从1959年4月1日成立后的第一年就开始盈利，销售利润达到了11.5%，保持着较快的发展势头。在1959年至1966年期间，京瓷的利润率始终在10%~20%之间波动，在当时是非常优秀的业绩。尤其是从1967年4月初到1969年3月末的两年间，京瓷的销售额出现了高速增长，利润率跃升至20%~40%，同时销售管理费率从20%以上下降到10%。其中一个原因是新产品陶瓷IT封装开始席卷美国市场，另一个原因就是京瓷采用了阿米巴经营。

日本航空公司：从破产到脱胎换骨只用10个月

内容摘要

1. 日航的主要问题出在哪里？

2. 日航的再生重建计划有哪些内容？

3. 日航怎样进行组织体系改革？

日本航空公司成立于1951年，在20世纪80年代成为国际知名航空公司。日航的兴起与日本经济高速增长息息相关，但随着日本泡沫经济的破灭以及雷曼金融危机的冲击，日航从20世纪90年代起每况愈下。到了2010年1月，背负2.3万亿日元巨额债务的日航不得不宣告破产，申请企业再生法保护，由半官方基金组织"企业再生支援机构"来主持重建。日本政府、企业再生支援机构和日航都邀请当时已经年近八旬的稻盛和夫出山担任掌舵人。这个决定成为日航重生的转机。

1. 稻盛和夫三人组入主日航

稻盛和夫原本不想接手日航的烂摊子。一方面因为他年事已高、退休多年，另一方面因为他对航空运输业一窍不通。在各方的再三请求下，稻盛和夫最终接受了请求，于2010年2月担任日航的董事长，带着森田直行和大田嘉任两位京瓷集团的董事一同重建日航。但是大多数媒体认为日航无法重建，肯定会第二次破产。

经过调研后，三人发现日航的大部分员工诚恳正直且能力较强，但长期以来在人事政策、航线设计、资源配置等方面存在严重的问题。上至管理者，下至普通员工，都比较缺乏结算意识，只是一味地盲目扩大航线，而没有控制经费，导致公司背上巨额债务。

为此，稻盛和夫从2010年4月15日开始召集日航集团所有的董事和总部的各个部长进行培训，系统地讲解阿米巴经营的理念和方法。在培训讲座上，日航管理者最初对此不以为然，甚至跟稻盛和夫当场发生争执。随着时间的推移，大家逐渐意识到了阿米巴经营的价值，不再以敷衍了事的态度对待稻盛和夫的改革。

2. 日航的组织改革

日航的组织改革实际上是从2010年4月开始的。集团高层设计了三套方案，最终认可了森田直行提出的改革方案。

森田直行的组织改革思路是把所有部门整合成两大类。一类是作为结算部门的"事业部门"，另一类是从各方面为结算部门提供支援的"事业支援部门"。

其中，事业部门包括航线统括本部、旅客销售统括本部、货物邮送事业本部等。原先的航运本部、客舱本部、机场本部、整备本部四个业务部门名称不变，但全部改造为"事业支援部门"。

改革前		改革后	
机构	职能	机构	职能
经营企划本部（总公司的一部分）	制订航运计划	航线统括本部	改革后的所有事业部门对收支负责，从销售额中获得利润
销售本部	根据收入和航运计划开展业务	旅客销售统括本部	
货物邮送本部		货物邮送事业本部	
航运本部	根据航运计划开展业务	航运本部	改革后的所有事业支援部门通过公司内部的合作对价来产生利润
客舱本部		客舱本部	
机场本部		机场本部	
整备本部		整备本部	
总公司间接部门	维持公司日常运营	总公司间接部门	改造为成本中心

2010年5月，日航高层成立了"组织改革项目小组"，成员主要是集团中40岁左右的管理者。同年7月，组织改革项目小组完成了组织体系改革报告书，8~12月主抓集团的人事调整。日航的新组织体系在2010年12月中旬诞生，但是部门结算制度的系统还不完备，实际上直到2011年4月才正式开始运营。

随着阿米巴经营的全面导入，日航集团脱胎换骨。不仅扭亏为盈，还创造了历史最好成绩。日航重建的第一年（2011年）3月的营业利润达到了1884亿日元，次年3月增长至2049亿日元。日航重新成为世界上的顶尖航空公司之一。

阿米巴运营冷知识·

稻盛和夫于2010年2月1日进入日本航空公司，只用了10个月就让日航在2010年的利润达到了1500亿日元。这个数字大约是日航60年历史上最高利润的两倍，也是2010年全球727家航空企业中最好的成绩。不过，阿米巴经营直到2011年4月才在日航初步形成体系。稻盛和夫认为，第一年的出色业绩是日航管理者和员工们转变观念、接受新的日航哲学的结果。

获野工业：成功躲避雷曼兄弟金融危机

内容摘要

● 1. 获野工业在引入阿米巴经营之前存在哪些问题？

2. 获野工业是怎样躲过雷曼兄弟金融危机的？

获野工业株式会社创立于1957年，是一家汽车零部件制造企业。从1959年开始，获野工业的销售额就有90%来自马自达公司。1999年，马自达实行零部件"全球最优调配"政策，业务高度依赖马自达的获野工业遭到重创。为此，获野工业第二代经理获野武男决定从当年开始导入阿米巴经营。

经过调研后，阿米巴经营顾问发现获野工业有一批非常敬业的员工，但公司毫无结算意识和改善绩效的意识。在结算管理方面，获野工业每月的利润表反映的信息不全且计算时间长达两个月，还只对公司高层管理人员公开。更糟糕的是，获野工业没有明确的经费开支管理制度，根本弄不清到底是哪个产品赚了钱，哪个产品亏了本。

阿米巴经营顾问从9个方面分析了荻野工业在管理上的漏洞。经过大刀阔斧的改革后，荻野工业优化了组织结构，确立了四项经营基本规则：

- 部门活动的实绩必须通过结算表反映出来。

- 公平、公正、简洁。

- 物品和票据必须一一对应。

- 实绩和余额必须对应。

在导入阿米巴经营6个月后，荻野工业实现了当初设定的单位时间附加价值达到2000日元的目标，并且实现了4%的销售额利润率，比过去提升了2个百分点。公司摆脱了完全依赖马自达的状态，积极拓展新客户。

两年后，荻野工业的销售额超过50亿日元。但不久后，马自达公司陷入危机，导致荻野工业从2001年开始进入了新的困难阶段。不过，在阿米巴经营的支持下，公司逐渐恢复了元气。到了2007年，荻野工业实现了70亿日元的销售额，创造了历史最高营业利润。

2008年9月，雷曼兄弟公司破产，全球陷入金融危机，日本经济进入负增长期。很多知名企业遭受了重创，但荻野社长在这年春天已经对危机有所察觉，经常在会议上提醒各部门注意。当9月金融危机爆发后，荻野工业召集各阿米巴领导人开会，众人集思广益，想出了一个即使销售额减少三成也能确保公司盈利的成本削减方案。在全体员工的共同努力下，公司的生产效率竟然提高了20%。

虽然2008年最终的销售额只有前期的75%，但获野工业在金融危机的恶劣环境中实现了盈利。2009年，由于经济大环境的不景气，获野工业的销售额未能恢复到危机发生前的水平，但单位时间附加价值已经重返1000日元以上。阿米巴经营为获野工业度过金融危机打下了良好的基础。

阿米巴专家有话说·

我们在为企业导入阿米巴经营的时候，最初进行的工作必定是对企业的干部、员工进行调研访谈。当时，我们公司的两个咨询师，对获野工业的每个部门的干部和员工，一共约30个人做了近两个月的调研访谈，每个人的访谈时间约为60~90分钟。调研访谈的目的，是把握各个部门的功能、业务内容和职责，工作的流程，各个负责人的权限和义务，以及公司的指挥命令体制、目标管理制度等。

——京瓷沟通系统有限公司管理咨询（KCMC）会长　**森田直行**

海尔集团：人单合一的自主经营体

内容摘要

1. 海尔集团为什么要发展自主经营体？

2. 人单合一的商业模式有哪些特征？

3. 海尔集团划分自主经营体的依据是什么？

海尔集团首席执行官张瑞敏曾经说："我对稻盛（和夫）先生的阿米巴经营和'敬天爱人'的哲学很感兴趣。如果我早一天认识稻盛，海尔会发展得更好。"张瑞敏对稻盛和夫敬佩有加的主要原因是海尔的"自主经营体"与京瓷的阿米巴经营模式有异曲同工之妙。

随着互联网时代的到来，传统行业遭受了巨大的冲击。张瑞敏多年前已经洞悉先机，决心对海尔这个制造业的巨无霸进行彻底改革。这个战略转型的指导方针是组织结构创新。海尔把传统的金字塔形组织改造为倒金字塔形组织，取消了原有的组织层级。每个员工都成了直接面对市场的自主经营体，而原先的高层管理者成为倒金字塔底部的资源支持者。

组织变革的根本目的是推行人单合一的新商业模式。其中，"人"指的是员工，"单"指的是市场目标。这种商业模式以用户为中心，每个自主经营体及其成员就像细胞一样不断裂变组合，普通员工的收入等于业务收入扣除成本、费用或其他损失。海尔决策层关注的是企业的战略发展问题，人力、财务、市场等环节各有损益表。每个自主经营体根据损益表来进行完全的自主经营。

海尔根据性质的差异把自主经营体划分为三级：一级经营体是最靠近客户需求的部门，包括研发类、用户类、制造类经营体，直接按照客户的订单来研发、生产和营销产品；二级经营体主要负责为一级经营体提供资源和专业服务，主要是人力资源管理、采购、供应、市场、质检、战略管理等部门；三级经营体是由经理层构成的，主要负责制定公司战略、调解各个自主经营体的纠纷。

公司对每个自主经营体的要求有三点：第一，留足企业利润；第二，挣足市场费用；第三，超利分成。

留住企业利润指的是每个自主经营体必须达到行业平均利润线和行业标杆利润线。挣足市场费用指的是自主经营体要确保自己有足够的费用来开拓市场。超利分成指的是自主经营体所得的超额利润可以跟公司分成。这些都是在人单合一的管理经营模式下完成的。

由此可见，海尔的自主经营体和京瓷的阿米巴部门一样，采取的都是自主经营、独立核算的模式。尽管双方在核算制度方面有较大的差异，但总体上都以释放员工的活力，实现人人参与经营为根本目标。

阿米巴专家有话说•

对于那些没有发展前途的阿米巴，一定要努力压缩分散经营的成本，提高核算。如果阿米巴的合并有难度，那么在分裂的时候也一定要谨慎。同样，如果能够非常顺利地合并，那么在分裂的时候也一定要果断。

——阿米巴运营创始人、日本经营之圣 **稻盛和夫**

延伸阅读：阿米巴经营用语汇总

阿米巴经营：又称阿米巴经营管理模式，其主要目的在于，确立直接与市场相联系的部门结算制度，培养具有经营者意识的人才，实现全员参与经营。各个阿米巴坚持实现销售额最大化、经费最小化，就可以实现附加价值最大化的经营原则，以"单位时间附加价值结算表"为基本管理工具进行经营。

阿米巴三要素

（1）阿米巴组织的设置

- 设置能够明确把握收入和费用的单位。
- 设置能够完成一个独立业务的单位。
- 设置能够执行公司目的和方针的单位。

（2）阿米巴的定价

- 从最终销售价格开始进行倒推来设定阿米巴之间的交易价格。
- 对买卖价格进行公平公正的判断。

（3）作为精神支柱的经营哲学

• 利益的对立会让公司整体的道德和利益受损。

• 领导者应当成为公平的裁判。

• 领导者必须是具有崇高人格魅力的人。

毛利：从存货销售的销售额中减掉销售成本之后剩下的部分。

销售成本：销售部门的单位时间附加价值结算表中的一个项目，指的是在库存销售中售出的商品的成本。

差额收益：单位时间附加价值结算表中的一个项目。从收入中减掉人工费之外的所有经费之后剩下的部分。换言之，就是阿米巴生产出来的附加价值。

差额比率：差额收益在总收入中占的比例。这是把握阿米巴附加价值产出效率的重要指标。"差额比率＝差额收益÷收入×100%"。

半成品差额：在进行结算时计入的，表示半成品的期初与期末之间差额的会计科目。

销售额：销售部门的单位时间附加价值结算表中的一个项目，指的是商品的销售金额。

单位时间附加价值：单位时间附加价值结算表中的一个项目，表示的是阿米巴在一个小时能赚多少钱，能创造出多少附加价值。因为排除了阿米巴的生产规模和人员等因素，所以能够公平地评价各个阿米巴的结算绩效。各个阿米巴的单位时间附加价值的增加可以促进公司整体经营绩效的提升。"单位时间附加价值=差额收益÷总劳动时间"。

单位时间附加价值结算表：京瓷集团内部的阿米巴进行的生产销售活动，究竟为公司的利润做出了多少贡献？生成了多少附加价值？单位时间附加价值结算表就是用来把握这样的数据的资料。主要分为销售类和生产制造类两种，从班组开始到公司整体，在各个层面上做成和利用。研发部门和生产制造的间接部门活用生产制造类的单位时间附加价值结算表，公司总部的间接部门则活用销售类的单位时间附加价值结算表。

单位时间销售额：销售部门的单位时间附加价值结算表中的一个项目，表示销售部门一个小时的平均销售额。"单位时间销售额=总销售额÷总劳动时间"。

单位时间生产额：生产制造部门的单位时间附加价值结算表中的一个项目。表示各个生产制造阿米巴在一个小时内的生产额。"单位时间生产额=生产总额÷总劳动时间"。

在库单价：自己公司生产的产品是按照生产制造时的发货金额来确定的，进货产品则是按照进货金额确定的。在统计库存销售额时，按照在库商品的在库单价来计算销售成本。

应收账款：采用货款后付的销售方式叫作赊销，赊销的金额就是应收账款。产品的销售额以应收账款的形式计入销售额，其中客户还没付款的部分叫作未收账款。

应收账款利息：销售部门的单位时间附加价值结算表中的一个项目。为了让销售部门尽快回收应收账款，在发生应收账款之日起经过一定的期限之后，就要让销售部门对未收账款加收一定的利息。

销售手续费：销售部门的单位时间附加价值结算表中的一个项目。

统计销售额时的销售手续费：统计销售额时，销售部门从生产制造部门那里获得的销售手续费。

销售部门：通过市场营销活动从客户那里获得订单，一方面确保生产制造部门的工作，一方面根据客户需求向客户提供令他们满意的产品或服务，并回收货款或服务费的部门。在阿米巴经营中，生产制造部门和销售部门分别进行独立核算（利润中心）。

支援：在特定时期内开展的跨部门业务资源，不发生人事上的调整变动。

应付账款：采用货款后付方式的购买行为叫作赊购，过程中发生的金额被称为应付账款。应付账款中尚未支付给对方的款项叫作应付账款余额。

外包：把生产业务的一部分委托给其他外部企业的行为。

加工部门：对制造工序的一段或一部分负责并统计生产额的部门。

稼动时间：劳动总时间。通常而言，根据公司日历设定的出勤日来计算，在特定情况下需要根据工厂车间或分公司的调整来变更。

会计科目：簿记计算单位的具体名称，被称为会计科目。在阿米巴经营中存在不同的财务会计（财务科目）的单位时间附加价值结算表的科目体系，单位时间附加价值结算表和利润表是有机结合在一起的。

勤怠时间：在计算工资时发生的法定劳动时间与加班时间的总和，被称为勤怠时间。单位时间附加价值结算表里的总劳动时间是稼动时间，所以在使用时要与稼动时间分开。

间接部门：广义上是指经营管理部门、资材部门、总务部门、环境部门等非结算部门。狭义上是指在各个事业部之中，为与事业目的有直接联系的部门提供支援的部门。

间接共通时间：单位时间附加价值结算表中的一个项目。工厂车间、事业所、销售网点等间接部门的员工劳动时间，在各个结算部门中进行分摊。

间接共通费用：单位时间附加价值结算表中的一个项目。事业所、销售网点等间接部门发生的经费，在各个结算部门中进行分摊。

管理会计：在企业内部，为经营者的经营决策提供各种会计信息作为判断依据的会计。不同于法律规定的会计规则，可以在各自的企业内部根据企业的具体情况自由设计。有为设备投资等活动提供判断依据的管理会计，也有期中利润计划、预算管理、标准成本计算等为绩效评价提供依据的管理会计。在阿米巴经营中，单位时间附加价值核算表等表格资料就属于作为管理会计判断依据的资料。

技术费用：生产制造部门的单位时间附加价值结算表中的一个

项目。为提供生产技术、产品技术的部门或单位支付的专利费、技术支持费等费用。

委托加工费：生产制造部门的单位时间附加价值结算表中的一个项目。在进行业务外包时，向承包方支付的业务费用。

合作对价：企业内部交易的一种形态。医疗、运输、物流等不存在具体商品流动，多个部门共同参与最终提供一项服务的时候采用的体系。为客户提供主体服务的部门向提供帮助的非主体部门支付的报酬被称为合作对价。在阿米巴经营中，通过这个合作对价来对各个部门进行结算管理。

经营管理：在事业部单独结算的前提下实行的，以阿米巴经营为基础的经营管理体制的确立、维护和运营，被称为经营管理。经营管理部门作为阿米巴经营和经营哲学的实践部门，必须负有使命感和责任感。也就是说，经营管理部门必须坚持"严格遵循原理原则，追求事物的本质"和"正确做人"的判断基准。

经费转移：在某个部门发生的费用由其他部门来承担，这种会计处理被称为经费转移。根据经费发生部门的要求，经过企业财务判断为合理的情况的前提下，可以对会计科目和负担序号进行变更，以实现经费转移。

经费合计：销售部门的单位时间附加价值结算表中的一个项目，经费的合计。

折旧费：单位时间附加价值结算表中的一个项目。土地以外的有形固定资产随着它被使用或时间的流逝，其本身的价值也会逐渐减少。这种减少作为费用进行计提，被称为折旧。计提的费用则被称为折旧费。

研究开发部门：通过进行新产品、新技术的研发来对新事业的开拓承担责任的部门。

研究手续费：根据公司内部制度规定，在新产品、新技术或新材料实现量产的时候，生产制造部门需要向研发部门支付的费用。

工厂经费：生产制造部门的单位时间附加价值结算表中的一个项目。在工厂总务部门、劳务部门、经营管理部门、资材部门等工厂共通部门发生的经费当中，优秀部分的受益部门难以明确，因此就将这部分费用按照一定比例（如生产总额比例、总劳动时间比例、人员比例等）进行分摊，这部分费用被称为工厂经费。由工厂管理部门做成一览表，在各个结算部门之间进行分摊。

扣除额：生产制造部门的单位时间附加价值结算表中的一个项目，经费的合计。

固定资产利息：单位时间附加价值结算表中的一个项目。在购入固定资产的时候，公司一次性支付全额款项，而固定资产的使用部门每个月进行折旧，所以可以看作公司为相关部门一次性垫付了固定资产的总额。将垫付的总额看作相关部门负担的借款，所以需要相关部门负担相应的借款利息。

固定资产处理损益：单位时间附加价值结算表中的一个项目。在对固定资产进行废弃或销售时发生的利益或损失。

固定费用：设备的折旧费、人工成本等，不随着销售收入、生产总额的变化而变化的经费，被称为固定费用。固定费用一旦生成就不会减少。每个月的经费当中，当固定费用的比例比较大时，如果销售额减少了，经营情况就会恶化，经营体制就会变弱。因此，对于能够增大固定费用的固定资产投资和增加人员等行为，需要谨慎行事。尽可能地降低固定费用，公司的营业收入即使略微减少，也能保证强大的经营体制。

在库（库存资产）：原材料、进货、产品、商品等，从事生产销售活动时所存有的、在未被使用或销售的期间范围内的相关物品，或其管理、保存行为。

在库移动：在存货销售中，为了确保各个仓库合理的在库量，对存货的具体场所进行变更的行为。

在库利息：单位时间附加价值结算表中的一个项目。对于一定期间以上的存货，相关部门必须负担一定的利息。这有助于削减长期存货的发生。

存货销售：根据市场需求的预测来进货，并在接到订单的同时发货的销售方式。销售部门通过发出公司内订单的方式来保有存货，但因为是根据需求预测来发出订单，所以发出订单的数量和金额必须经过经营者的裁决。

结算部门：有收入且可以进行独立核算的部门。比如像生产制造部门那样在单位时间附加价值结算表上能产生生产总额、经费总额、差额收益的部门，或者像销售部门那样在单位时间附加价值结算表上能产生订单额、销售总额、收益总额、经费总额、差额收益的部门。

财务会计：企业通过做成和公开资产负债表、利润表等财务报表的方式，把公司的财务状况和经营绩效向公司外部的股东、债权人、客户以及税务部门等与公司有关的组织和个人进行报告的会计。

材料供给：在委托加工或委托生产业务中发生的、公司向外包企业提供原材料等行为。

先入先出：存货管理中实行的从先入库的商品开始出库的做法。这样做可以防止存货长期滞留。

剩余产能：从生产制造部门的最大产能中减掉目前的生产量所得到的差额部分。

时间转移：去帮助其他部门或阿米巴工作时发生的劳动时间，需要由对方部门或阿米巴来负担，这种劳动时间结算上的处理，被称为时间转移。

对外发货：生产制造部门的单位时间附加价值结算表中的一个项目。表示接单方式中对外部客户的生产总额。虽然是对外发货，但不是真正意义上的发出货物，只要产品被搬进物流仓库，而且生产数据被录入发货管理系统，就被认定为对外发货。在京瓷集团，每天正午12点之前，只要完成上述处理，即可计入当天的EDP（电子数据处理）管理系统并统计为绩效。

内部销售：生产制造部门的单位时间附加价值结算表中的一个项目，对公司内部其他阿米巴销售的额度。

内部买入：生产制造部门的单位时间附加价值结算表中的一个项目，从公司内部其他阿米巴那里采购的额度。

内部利息：在发生存货导致资金回收延迟，或者购买固定资产时发生公司垫付金额的情况下，由于资金的占用而让相关部门负担相应利息的制度。

内部交易：在阿米巴经营中，公司内部各工序之间的产品流动，是按照外部市场交换的机制来进行的，这样的产品与资金的流动被称为内部交易。阿米巴通过内部交易做出利润，实现独立的自主经营。

内部下单：内部交易中发生的、由后工序向前工序发出订单的行为。

内部版税：向研发部门支付的研发成果的对价。研发部门研发出新产品或新技术，使得结算部门的阿米巴能够实现利润最大化，那么结算部门的阿米巴就必须向研发部门支付一定比率的版税。研发部门可以把获得的版税用于投资性的研发项目。

订单：销售部门的单位时间附加价值结算表中的一个项目。销售部门从客户那里实际获得的订单的总额。

订单余额： 在获得的订单中尚未生产制造完毕的订单金额。

接单生产： 按照顾客的订单要求来进行生产制造的生产方式。这种生产方式可以减少存货积压的风险，却也存在由于客户不同而产生的产品规格、发货期限、价格等各不相同的一面。

发货指示： 由销售部门向发货负责部门（各个工厂的物流部门）发出的关于产品发货的指示。

商品（内部销售）： 生产制造部门的单位时间附加价值结算表中的一个项目。在存货销售体系中，按照预测的销售量进行生产。因为买方是销售部门，所以不会发生内部买入。销售部门在预测销售量通过决议之后，对生产制造部门发出内部订单。

生产计入： 将生产制造部门通过利用原材料进行的生产制造活动而生产出的产品，作为生产制造部门的收益进行核算的行为。

制造存货： 没有被进行EDP管理的存货，或者在进行EDP管理的存货中的，由生产制造部门负责的存货。

制造订单余额： 在生产制造部门接到的生产订单中，还没有进行生产的部分。

生产制造部门： 按照客户要求的价格、质量、服务以及期限等生产制造产品，并创造出利润的部门。

产品： 在接单生产体系中生产制造出来的物品。相对而言，存货销售体系下生产制造出来的物品被称为商品。

总销售额： 销售部门的单位时间附加价值结算表中的一个项

目，指从销售总额中减掉退货总额、折扣金额等剩下的额度。在利润表中相当于销售总额。"总销售额=销售总额-退货折扣金额"，在利润表中"总销售额=销售总额"。

总劳动时间：单位时间附加价值结算表中的一个项目，是法定劳动时间、加班时间、内部分摊劳动时间和间接部门劳动时间的总和。差额销售额（生产制造部门）或差额收益（销售部门）除以总劳动时间，就可以算出单位时间附加价值。总劳动时间的削减可以提高单位时间附加价值。"总劳动时间=法定劳动时间+加班时间+部门内部共通时间+间接部门共通时间"。

总收益额：销售部门的单位时间附加价值结算表中的一个项目，是接单生产和存货销售所获得的利润的总和。"总收益=接单生产利润合计+存货销售利润合计"。

总发货额：生产制造部门的单位时间附加价值结算表中的一个项目，是接单生产的对外发货和内部交易的内部销售总和，是生产制造部门生产出的产品的总额，但并不代表实际发货的数量。"总发货=对外发货+内部销售"。

总生产额：生产制造部门的单位时间附加价值结算表中的一个项目，阿米巴实现的实际生产额。在前一道工序通过内部交易买来的半成品中包含了前道工序所实现的附加价值，因此从本阿米巴的总发货额中减掉通过内部交易买进来的半成品费用，就可以获得本阿米巴所实现的附加价值，即总生产额。通过扩大对公司内部和外部的发货，并尽量减少内部采购，就可以实现总生产的最大化。"总生产额=总发货额-内部采购"。

双重核查：对于某一项业务，除了操作人员本身以外，还安排多人或者职能不同的其他部门进行核查，最终确认业务是否得到了正确的操作，这被称为双重核查。原则是防止当事人犯错。在阿米巴经营，对资产物品的采购、产品的发送、应收账款的回收等，所有的业务都应该实行双重核查。

直接部门：在广义上指的是生产制造、销售、研究等结算部门。在狭义上则指的是各个生产制造、销售、研究部门当中实施获取订单，进行生产制造，核算销售额的部门。

法定时间：单位时间附加价值结算表中的一个项目。根据工作日和所规定的劳动时间算出来的总劳动时间。

随用随买：对于原材料、零部件和消耗品等，不进行一次性大量采购，而是对必要的物品，在必要之时，购买必要的数量。这样的采购方法，可以防止一次性大量采购产生的不必要的管理费用，也可以随时随着客户对商品样式规格等要求的变化而灵活调整，更能防止原材料、零部件和消耗品等的浪费。

内部技术费：生产制造部门的单位时间附加价值结算表中的一个项目。对于研发部门所实施的对产品、材料、技术的全新研发、改良等活动，生产制造部门对研发部门通过内部交易而支付的费用。

内部各种经费：单位时间附加价值结算表中的一个项目。在把各种经费的复合项目向其他部门进行经费转移的时候，则被称为转移科目。

进货：各种资财或内部交易物品从外部搬入工厂或相应部门，被称为进货。

配赋：把非结算部门所产生的费用和劳动时间向相关结算部门分摊的行为。

发生主义：不论是否有现金的收入或支出，只要能够确认价值的诞生就计入收入，能够确认价值的消费就计入费用，这样的做法被称为发生主义。相对而言，按照现金流来确认收入和费用的做法则被称为现金主义。

非结算部门：生产制造部门的单位时间附加价值结算表中的不发生总生产额、扣除额、差额销售额（收益）的部门；或者销售部门的单位时间附加价值结算表中的不发生总销售额、总收益、经费合计以及差额收益的部门。非结算部门发生的费用和劳动时间最终会在相应的结算部门之间进行分摊。

标准成本方式：对所有的成本要素的价格和消费量运用科学的方法进行调查，并事先设定好成本标准，在实际发生成本费用时按照事先设定好的标准成本计算和评价的方法。在京瓷集团，由于实行标准成本方式的作业量巨大，并且没有什么实际价值和效果，因而没有采用，而是根据"销售价格和成本价格随时都会发生变化"和"市场价格的变动应该反映到库存里"这样的想法采用卖价还原法。

附加价值：从产品的销售额中扣除为了生产制造产品所花费的材料费、设备折旧费等除了劳务费以外的所有费用后剩下的金额。

部门内共通费用（时间）：单位时间附加价值结算表中的一个项目。发生在事业本部、统括事业部或者事业部内部的，从间接部门或销售部门分摊过来的费用（时间）。

利润中心：能够明确收支，对利润进行管理的组织单位。在一般的制造企业，生产制造部门通常是作为成本中心来运作的，而在阿米巴经营中，生产制造部门和销售部门的各个阿米巴都直接与市场连接，作为利润中心运作，为了维持和提高自己阿米巴的利润，所有成员齐心协力共同努力。

总部经费：销售部门的单位时间附加价值结算表中的一个项目。为了分摊广告宣传费等公司全体的经费而向各个部门征收的每小时等额的费用。

总部收入：公司内部所发生的利息收入、手续费收入等。这些收入由结算部门负担，而由公司总部作为收入来计入。公司总部可以把这些收入用于自身的管理费用和运营费用等。

总部负担经费：公司的主营业务之外所发生的必要的经费支出，一般作为特别经费由总部负担。

Master Plan：根据公司整体的方针以及各个事业部的方针和目标，在经过严密的思考和模拟演练之后所设定的，能够表达阿米巴领导者"这一年要实行什么样的经营方针"的意志的目标计划。年度的Master Plan设定好之后会被分解为月计划，并通过月末、半年末、年底等时间点来比较Master Plan中设定的预期目标和实绩，从而实现目标管理。Master Plan的达成是全公司所有阿米巴都在追求的大目标。

例如京瓷集团的各个部门在每个年度（当年4月~次年3月）都会设定好接受订单额、总生产额、销售额、差额销售额、总劳动时间、单位时间附加价值、人工费、税前利润、设备投资额、人员计划等，形成Master Plan，并在京瓷集团层面上进行统计核算。

预算（制度）：根据中长期规划，在预算期间内编制而成并用数据表示的集团公司整体的事业计划和业务计划等。在预算期间内指示集团公司的利润和现金流等绩效目标，调整集团公司内外的各项业务活动，是管理企业整体的综合管理工具。

但京瓷集团不存在以确定开销额度为前提的预算管理，取而代之的是Master Plan。此外，京瓷采取了在必要时购买必要的商品的"随用随买"原则。比如在进行设备投资时，需要提交设备投资计划书，并接受上级和相关部门的审批。在此过程中，必须证明设备投资的必要性、客观性与合理性。

　　我们推行阿米巴经营模式，既是为了解决大企业病的痼疾，又是为了促使企业经营者更深入地思考"大"与"小"的辩证关系。

　　做大做强是所有企业的天性。更大的组织规模，更多的人才队伍，更强的品牌竞争力，更雄厚的资本实力，更稳固的市场主导地位，是每一个企业领导者梦寐以求的事。但是在做大做强的过程中，原本朝气蓬勃的企业往往会逐渐丧失最初的凝聚力。组织的管理效率随着部门和业务的增加而变得低下，各部门内部矛盾重重，互相扯后腿。

　　企业规模扩大会遇到发展瓶颈，但这并不意味着只有小型组织才能在市场中站稳脚跟。

　　俗话说得好，"船小好调头"。未来的企业管理运营方式，离不开"小、快、灵"的业务团队。否则无法适应变化迅疾的互联网经济环境。但是，小型组织在今后的市场中生存越来越艰巨。大企业不断吸收优质的小型团队，将其内化成自己旗下的阿米巴组织，还积极开展跨行整合，试图打造属于自己的完整的产业链。

小型组织虽然有很强的快速应变能力，但抗风险能力较差，也缺乏保持长期续航能力的资源。大企业是"瘦死的骆驼比马大"，社会各界更愿意挽救濒临破产但品牌深入人心的大企业，而不是兴也勃焉亡也忽焉的小型组织。

阿米巴经营不是简单的化大为小，而是重塑大企业的内部结构，将其转化为一个功能健全、协作严密、纲举目张的小型组织联合体。这是"大"与"小"的完美平衡，战略统一与战术自主的有机结合。

阿米巴经营只是手段，全员参与经营才是目的。让每一个人的创造力与工作热情充分释放出来，通过阿米巴机制转化为对企业有利的成果。这是企业经营管理的至高境界，也是我们共同的努力方向。